ハーバードの日本人論

佐藤智恵
作家・コンサルタント

アレクサンダー・ザルテン
ユキオ・リピット
デイヴィッド・ライヒ
ロバート・A・ルー
ダニエル・M・スミス
メアリー・C・ブリントン
ウィリー・C・シー
ジェームス・ロブソン
デイヴィッド・C・アサートン
カレン・L・ソーンバー

658
中公新書ラクレ

はじめに

日本人ほど「日本人論」が好きな国民はいない。

海外の出版エージェントと情報交換していると、彼らは一様に「日本には日本人について書かれた本があまりにも多い」と驚く。アメリカ人も中国人も韓国人も、自国の国民性をこんなに熱心に分析したりしないのだそうだ。一方、日本人は日本人のルーツや日本人の特性などについて語るのが大好きだ。仕事柄、全国各地で講演をすることが多いが、どれだけ経営学の話をしても、講演後の懇親会などで決まって盛り上がるのが「日本人論」の部分である。

２０１８年夏、大手企業の経営者を対象とした講演会があったのだが、その際にも

「日本人はなぜ金足農業を熱心に応援するのか」という話になった。ご存じのとおり、金足農業高校とは第100回全国高等学校野球選手権記念大会で、秋田県勢として103年ぶりに準優勝した県立高校だ。甲子園で勝ち進むごとにファンが増えていき、金足旋風を巻き起こしたのは記憶に新しい。その人気ぶりは対戦相手のチームが気の毒になるほどだった。

確かに日本人は立場の弱い者にことさら同情を寄せてしまう傾向があり、「判官贔屓《ほうがんびいき》」という言葉さえある。これは一体なぜなのだろうか。

拙著『ハーバード日本史教室』では、日本が世界一の長寿企業大国である理由をハーバード大学経営大学院の教授に分析していただいたが、これに対しても「結局は日本人の特性によるものではないか」という意見を多数いただいた。

日本企業と欧米企業の経営者の大きな違いは、何を優先して経営しているかだ。欧米の経営者の多くは個人の損得を優先して経営する。自分が儲かればいいので、簡単に会社をたたんだり、売却したりする。それとは対照的に、日本人経営者は、10年先、10

0年先まで会社が存続することを何よりも優先する傾向がある。ある経営者は「どんなに会社が苦しいときも、執念で次につなぐのが日本人経営者だ」とおっしゃっていた。長寿なのは企業だけではない。日本人そのものも世界一長寿の国民である。日本人はなぜ長く存続することにこだわるのだろうか。

「2018FIFAワールドカップ ロシア」で世界を驚かせたのは、日本人選手とサポーターの清掃行為だ。日本人サポーターは勝ったゲームでも負けたゲームでも、終了後、ゴミ袋を持ってスタジアムを清掃し、日本人選手はロッカールームを完璧に清掃してから立ち去った。日本には「立つ鳥、跡を濁さず」という言葉があるが、まさにその言葉を実践するかのようだ。

日本企業の現場では、「整理・整頓・清掃」という標語が掲げられていて、管理職も一般職も一緒になって掃除をするし、子どもたちは放課後、自分たちの教室を掃除する。日本人はなぜ自ら進んで清掃をするのだろうか。それはあたかも清掃は日本人としての責務であると感じているかのように。

日本のニュース番組と海外のニュース番組にも決定的な違いがある。

NHKに入局して最初の仕事は外国のテレビ局のニュースをひたすら見ることであった。何か日本国内で大きなニュースがあったときに「海外反応」をまとめて伝えるためである。

外国のニュース番組を見続けているうちに、ふとNHKニュースとの決定的な違いに気づいた。アメリカのABCもイギリスのBBCも中国のCCTVも「国外からの反応」なんて一切放送しないのである。つまり自国のニュースが他国でどう取り上げられているかなんて、気にしていないのだ。日本のテレビ業界においてこの傾向はいまだに続いていて、テレビをつければ、「外国人が日本をどう見ているのか」をテーマとした番組が乱立している。

日本人はなぜ世界からの目を気にするのだろうか。

こうした「日本人のなぜ」についてハーバードの教授陣の視点から解説してもらおう

と思ったのが本書を執筆したきっかけである。もちろん主たる目的は「ハーバード大学の教員や学生は日本から何を学んでいるのか」についてお伝えすることであるが、根底には「日本人とは何者なのか」を少しでも解き明かしたいという思いがある。そのため、インタビューでは教授陣の著書、研究、授業内容だけではなく、日本人や外国人が普段何気なく疑問に思っている日本人の特性についても質問し、それぞれの専門分野から分析していただいている。

今回は人文科学、社会科学分野の教授に加え、遺伝学、分子細胞生物学の教授にもご登場いただいた。日本人論を語る上で、いまや自然科学からの視点は欠かせない。IT技術の進化とともに、日本人の遺伝子の特性についてもどんどん明らかになりつつある。日本人はなぜ酒に弱いのか。日本人はどこから来たのか。縄文人、弥生人からどんな影響を受けているのか——。こうした問いについて科学的な分析結果が次々に発表されている。特に、古代DNAの解析によって、弥生人のルーツが少しずつ解明されてきているのが興味深い。

取材中「日本人にはなぜこういう特性があるのですか」と聞いても、「いや、それは欧米でもありますよ」「それとは逆の調査結果が出ています」と言われてしまったことも多々あったが、それも含め、ハーバードの教授が専門分野から分析した日本人論には新たな発見がたくさんあった。

ハーバードでは学生からも話を聞いたが、アメリカ人だけではなく、中国人や韓国人の留学生が日本の文化について熱心に学んでいたのが印象的だった。そのきっかけとなったのはもちろん漫画、アニメ、ゲームである。「『ドラゴンボール』の悟空から、強敵にひるまず立ち向かう精神や前向きに努力することの大切さを学んだ」「『千と千尋の神隠し』を見て、家族とのつながりや自分のアイデンティティーについて深く考えた」などと口々に語り、日本人が生み出すストーリーが10代、20代のエリートの人生に強い影響を与えているのがわかる。

ハーバードで有吉佐和子の『恍惚《こうこつ》の人』を学んだ学生が医者になり、『平家物語』や『武士道』を読んだ学生が弁護士や経営者になる。この物語を語る力が日本という国の大きな強みになっていることを実感する。

冒頭にも記したとおり、日本では数多の専門家が日本人について研究されていて、国内には膨大な日本人論が存在している。しかしながら世界から見てみて初めてわかることもある。遺伝学の泰斗であるデイヴィッド・ライヒ教授は「同条件で異なる民族を比較研究して、初めて『日本人にはこういう傾向がある』といえる」とおっしゃっていたが、まさにその視点を提供することが本書を執筆した目的である。

なお本書で紹介しているのはハーバードの教授陣の研究や授業内容のごく一部である。この本をきっかけとして、巻末に記した教授陣の著書に興味を持ち、より体系的に理解を深めていただければ幸いである。

目次

はじめに　3

第1講義　メディア論
日本人はなぜロボットを友達だと思うのか
宮崎駿と押井守が描く「テクノロジーと人間」……21
アレクサンダー・ザルテン
ハーバードで日本映画を学ぶ意義
黒澤明、小津安二郎は「日本的」ではない
北野武の映画が象徴する「海と日本人」
『もののけ姫』を題材に環境問題を考える
なぜ日本のアニメは国境を越えて愛されるのか
宮崎駿と押井守が描く人間とロボットの関係性

イーロン・マスクがアニメに夢中になる理由
コラム　日本に魅了された学生たち①
日本のアニメ・ゲームはエネルギーの源　50
前へ進む勇気を与えてくれる「悟空」

第2講義　美術史

日本人はなぜ細部にこだわるのか
天才絵師、伊藤若冲の絵画に宿る生命……55
ユキオ・リピット
アメリカを熱狂させた若冲
私の絵は千年後に理解される
なぜハーバードで若冲を教えるのか
日本画家に求められる「一発勝負」の精神
若冲の絵画における平等性
生き物の細部に宇宙を見出す
日本人の美意識と技術力を極めた若冲

第3講義　遺伝学

日本人はどこから来たのか

古代DNA解析で迫る日本人の起源……79

デイヴィッド・ライヒ

全ゲノム解析が塗り替える人類の歴史
遺伝子を残せた先祖と残せなかった先祖がいる
今もアジア人に残るチンギス・ハンの遺伝子
日本人はどこから来たのか
日本人も旧人の遺伝子を持っている
弥生人のルーツは「黄河ゴースト集団」か
日本人のDNAの特徴は「同質性」
縄文人と弥生人はいつ交配したのか
世界の遺伝学者が注目する縄文人のルーツ

第4講義 分子細胞生物学
日本人はなぜ長寿なのか
平均寿命の明暗分ける日米の食生活……107
ロバート・A・ルー
日本人の細胞と効率性
日本人が酒に弱いのは適応進化
魚、大豆、海藻が長寿をもたらす
日本人はなぜ食にこだわるのか
アメリカ人の平均寿命は短くなっている

第5講義 比較政治学
日本人は本当に世襲が好きなのか
世襲政治家が異常に多い国・日本……121
ダニエル・M・スミス
日本政治史の分水嶺は1990年代
自由民主党は世界的に見てもユニークな存在

自由民主党の長期政権を可能にした4つの要因
世襲議員が異常に多い国・日本
世襲が日本にもたらす功罪
なぜ現職が選挙制度改革に賛同したのか
選挙制度改革で世襲議員は減ったか
日本の政治の課題と展望

第6講義 社会学

日本人はなぜ「場」を重んじるのか
タテ社会の人間関係と働き方改革……151
メアリー・C・ブリントン
「働き方改革」で日本人の価値観は変わるか
「副業・兼業の促進」に驚くハーバードの学生
日本人は他者に対する警戒心が強い
転職に役立つのは「友人の友人」
映画『トウキョウソナタ』が教えてくれること

あなたのキャリアには可能性がある
企業や政府が推進する「教養講座」は役に立つか
エリートだからこそ教養を身につける

第7講義 マネジメント

日本人のオペレーションはなぜ簡単に真似できないのか
テスラ、GMがトヨタから学ぶべき現場文化……173
ウィリー・C・シー
日本企業の技術力を疑っていた米国メーカー
トヨタ生産方式は簡単に真似できない
見た目を変えてもイノベーションは起こらない
日本人の国民性と経済成長の相関性
電気自動車メーカー「テスラ」の苦悩
研究への投資をやめなかったソニーのV字回復
コダックと富士フイルムの明暗を分けたもの
長寿企業の強みを発揮する「任天堂」と「東レ」

第8講義　宗教史
日本人はなぜものづくりと清掃を尊ぶのか
世にも宗教的な日本人……197
ジェームス・ロブソン
日本人は無宗教なのか
ものづくりの精神を支える神道と仏教
なぜ日本企業には神棚があるのか
アメリカで再び禅ブーム
禅に傾倒したスティーブ・ジョブズ
世界が驚嘆したワールドカップでの清掃
ハーバード大合格者と掃除の不思議な関係
今、この瞬間に集中せよ

第9講義　日本文学
日本人はなぜ周りの目を気にするのか
サムライから学ぶ人生論……223
デイヴィッド・C・アサートン

サムライとハーバードの学生の共通点
信玄と謙信が教える野心よりも大切なもの
「たそがれ清兵衛」はサラリーマンだった
芥川龍之介と森鷗外が問いかける武士の忠義
時代とともに変遷してきた日本人の忠誠心
江戸時代の武士が何よりも重んじたのは「世間体」
「判官贔屓」は日本人の特性か
コラム　日本に魅了された学生たち②
サムライのイメージを変える『平家物語』　243

第10講義　比較文学

日本人はなぜ物語の結末を曖昧に描くのか
村上春樹と東野圭吾が世界で愛される理由……247
カレン・L・ソーンバー
なぜ学生は『凍える牙』の女刑事に共感するのか
医学部志望者の価値観を変える日本の小説

世界各国で続々と翻訳されている日本文学
『吾輩は猫である』に触発された魯迅
『雪国』が韓国で人気を集めた理由
「私のために書いてくれている」と思わせる村上春樹
世界の読者を驚かせる『容疑者Xの献身』の結末
教材としても面白い『コンビニ人間』
世界から見た日本文学の強み
おわりに　272
注　276
参考資料　285

図表作成・本文ＤＴＰ／市川真樹子

ハーバードの日本人論

＊本書に登場する学生、卒業生のコメントは、個人の意見を反映したものであり、ハーバード・カレッジおよびハーバード大学の見解を示すものではありません。
＊本書は著者が2018年10月にハーバード大学で行ったインタビューをもとに、Eメールによる追加取材情報、必要な説明情報などを加筆し、まとめたものです。
＊すべてのインタビューと日本語訳（日本語翻訳書を除く）は著者（佐藤智恵）によるものです。
＊著名人、故人の敬称は略させていただきました。
＊教員の肩書は、2019年5月1日現在のものです。
＊デイヴィッド・ライヒ教授の名前は、デイヴィッド・ライクと表記されることもありますが、本書ではデイヴィッド・ライヒを採用しました。
＊略歴の著書タイトルは、日本語版が刊行されていないものも日本語に訳しました。原題は巻末の注に記しています。
＊学生の年齢、年次は2019年5月1日現在のものです。
＊インターネット上の参考文献、引用文献の閲覧日は2019年4月1日です。

第1講義 **メディア論**

日本人はなぜロボットを友達だと思うのか

宮崎駿と押井守が描く「テクノロジーと人間」

ハーバード大学准教授

アレクサンダー・ザルテン

Alexander Zahlten

専門はメディア論、映画学。主に日本および東アジアの映画と映像文化を研究。黒澤明、小津安二郎、宮崎駿、押井守等の作品を取り上げながら「世界の中の日本映画」などを教える。著書に『日本メディア論』*1（共編書）。

『花筐／HANAGATAMI』『ゆれる』『スカイ・クロラ』『紀子の食卓』……。これらはアレクサンダー・ザルテン准教授が個人的に気に入っている日本映画だ。そのトップ10には、通好みの作品がずらりと並ぶ。

米国における日本映画研究の第一人者であるザルテン准教授は、ハーバード大学で「世界の中の日本映画」「日本の映画とメディア文化の変遷」などの授業を教えているほか、世界各地の映画祭でも日本映画の魅力を伝える活動を続けている。

ザルテン准教授のインタビューで特に知りたかったのが、ほかの国の映画にはない日本映画の魅力とは何か、という点だ。授業を受ける前、多くの学生はスタジオジブリの映画しか見たことがないというが、授業が終わると、皆、すっかり日本映画ファンになってしまうのだという。その理由は何なのだろうか。また日本にはロボットが登場する映画が多いが、これは日本人の特性と何か関係があるのだろうか。

日本は、インド、アメリカ、中国に次ぐ世界第4位*2の製作本数を誇る映画大国だ。今後の日本の映画産業の発展を考えていく上でも、ザルテン准教授の分析は意味深い。

なお、本インタビューの末尾には、「ザルテン准教授が日本の読者に薦めたい10本」と「個人的にお気に入りの10本」を掲載した。こちらもあわせてお楽しみいただきたい。

（２０１８年10月16日　インタビュー）

ハーバードで日本映画を学ぶ意義

――ハーバードの授業「世界の中の日本映画」では10本の日本映画を取り上げています。「世界の中の日本映画」は日本映画の持つ世界言語性を探求していくことを目的としています。

授業では、『用心棒』（1961）、『非常線の女』（1933）、『GHOST IN THE SHELL／攻殻機動隊』（1995）、『巨人と玩具』（1958）、『ゴジラ』（1954）、『心中天網島』（1969）、『天空の城ラピュタ』（1986）、『ゆきゆきて神軍』（1987）、『リング』（1998）、『新しい神様』（1999）の10本を取り上げています。世界的に有名な名作からインディーズ映画まで幅広い作品を見てもらいます。この10作品のほかにも、北野武監督、是枝裕和監督、河瀬直美監督などの映画の一部を授業で見せることもあります。

その上で学生は「日本映画とは何か」「日本映画が海外の映画と互いにどのような影

響を与え合っていたか」などをテーマに議論していきます。

――日本映画から学生に何を学んでもらいたいですか。

主に3つあります。1つめは、視覚リテラシーを学び、視覚言語を読み解く方法を習得することです。映画を見ると私たち観客は笑ったり、泣いたり、あおったり、緊張したり、ワクワクしたり、びっくりしたり、さまざまな感情を抱きます。通常、私たちは「このシーンはどういう意図を持ってつくられたのだろうか」などと考えながら映画を見ることはほとんどありません。ただ映画に操られるままに楽しむだけです。しかし、映画には必ず意図があり、その意図を伝えるためのテクニックや手法があります。

このような視覚リテラシーを学ぶのは、現代社会においては特に重要です。私たちは今、常にメディアにさらされています。コンテンツの制作者が何を目的に、映画やドラマや動画をつくったのか。その意図を理解して視聴することが大切なのです。

2つめが日本映画の歴史を知ることです。一つひとつの映画がどういう時代背景で、何を伝えるためにつくられたのか。多くの学生は日本に行ったことがありませんから、日本映画を見ることは、日本という国の歴史や文化を学ぶ機会となります。

3つめが、「日本映画」の定義について考えることです。何が日本的で、何が日本的でないのか。日本映画、フランス映画、中国映画と、映画を製作国別に分類することに意味があるのか。国際映画の定義って何だろうか。また日本映画がほかの国でリメイクされると、どこがどう変わるのか。こうした問いについて議論していきます。

映画の技術と手法は、基本的に各国の制作者が独自に開発し、それを互いに取り入れながら、発展してきたものです。日本映画も海外からの影響を多分に受けていますし、日本映画が海外にもたらした影響も大きい。学生がいつも驚くのは、「こんなにも映画というものは国を超えてつながっていたのか」という点です。日本映画を個別に見るのではなく、こうした世界的なつながりの中でとらえることが大切だと考えています。

黒澤明、小津安二郎は「日本的」ではない

――実写映画では、黒澤明監督と小津安二郎監督の映画を取り上げています。黒澤監督

の『用心棒』が、ミザンセーヌ、つまり画面の中の俳優や舞台装置の配置について学ぶ回で登場しますね。

黒澤明監督は、日本人の俳優を使い、日本を舞台にした作品を制作していますが、その劇的な演出は決して日本的ではありません。黒澤の作品が国際的に評価が高いのは、そのミザンセーヌが唯一無二であるからです。そこがハーバードの学生の心をとらえています。

黒澤ほど革新的な監督はいません。黒澤の映画を、二度、三度と繰り返して見れば、一つひとつのシーンの空気感を伝えるために黒澤が何を企てているかがわかってきます。カメラの使い方、俳優の動きから、風の効果まで、計算しつくされています。

黒澤映画の画面の中に写っているものには、すべて意味があります。どんな小さなものでもです。その一つひとつの意味を学生に伝えると「映画が芸術だというのはこういうことだったのか」「これが映画制作の本質だったのか」と皆、感嘆します。

学生には事前に『用心棒』を全部見てもらいますが、私が授業で解説するのは、エンディング近くのシーンです。桑畑三十郎（三船敏郎）が世話になった居酒屋の権爺《ごんじい》（東野英治郎）を助けるために、再び宿場町へとやってくる。権爺は縄でつるされている。そこに、敵である新田の卯之助《うのすけ》（仲代達矢）がやってくる。セリフはなく、音楽だけが鳴っている。三十郎、卯之助、三十郎、卯之助とかわるがわるカットを重ねていき、リズムをつくっていく。最初は全身、そして、どんどんアップとなり、緊張感を高めていく。映画の文法、映画の視覚言語を教えるのに、『用心棒』ほど素晴らしい教材はありません。

――もう一人の日本映画の巨匠、小津安二郎監督の作品からは何を学んでいますか。

私が主眼を置いて教えているのが、小津安二郎の表現手法の独創性です。授業では小津を「非凡な才能を持つ実験的なフィルムメーカー」として紹介しています。

小津の映画を初めて見た人は、「これは典型的な日本映画だ」とか「とても日本的な映画だ」と思うでしょう。小津の作品は日本の家族の日常を描いたホームドラマが多いですし、日本家屋や着物を着た人が出てくるシーンもたくさんあります。小津の映画が日本という文脈の中にあるのは確かですし、日本の風景や日本人は映画を構成する重要な要素の一つでもあります。しかしながら映画の表現手法という点から見ると、彼の作品は決して「日本的」ではありません。

実際のところ、小津ほど既存のテクニックから逸脱した手法を使っている監督はいません。おそらく世界中探しても、小津と同じような手法を使っている映画監督はいないと思います。カメラの使い方、フレーム（枠取り）の使い方、会話の方法、編集方法など、すべてにおいて小津は独自のスタイルを確立していて、日本という枠にもおさまらないのです。

『東京物語』や『秋日和』などの会話のシーンを見てみれば、俳優を正面から撮影したバストショット（胸から上を撮影したショット）がたくさん出てくることに気づくでしょう。俳優の視線はカメラ目線ではなく、微妙にずれたところにあり、会話の相手を見ているのか、どこを見ているのかさっぱりわかりません。このような撮影方法は小津映画独自のものです。

多くのシーンは定点から撮影され、「畳ショット」と呼ばれるローアングルのショットは特に有名です。カメラを縦や横に振ったり、ズームイン、ズームアウトをしたりもしません。

編集については、全部、カットでつなぎます。シーンとシーンの間をワイプやディゾルブといった効果でつないだりしません。そのかわりに象徴的な静物のショットを挟み込むのが特徴です。

ストーリーは、通常の映画のように大きな出来事が起こるわけではありません。ひたすら淡々とした日常を描いていきます。

このように小津映画はすべてにおいて、異色であり、実験的なのです。多くの学生は授業を履修するまで小津の映画を見たことがありませんが、その作品を一度見ると、皆、ファンになります。理解するには時間がかかりますが、見れば見るほど、洗練を極めた作風と非凡な手法の虜《とりこ》になるのです。

北野武の映画が象徴する「海と日本人」

——授業では北野武監督の『HANA-BI』も一部見せるそうですね。その目的は何ですか。

北野映画は、編集について教えるときに使います。『HANA-BI』は、映画における編集の意味を教えるのに格好の映画なのです。長いカットが続いたかと思うと、突如として短いカットが入る。ここでなぜ短いカットを入れたのか。このカットはなぜこんなに長いのか。『HANA-BI』の1カット1カットの長さには、それぞれ意図があります。

北野武監督は、「時間」を描くことに主眼を置く監督です。特に初期の作品にその傾向が強く見られます。

『HANA-BI』の主人公、西佳敬《にしよしたか》（ビートたけし）の妻、美幸（岸本加世子）は、病におかされ、余命いくばくもない。映画もまた上映時間が決まっている時間芸術です。その限られた時間の中で、同じように人生の時間が制約されてしまった妻の日常を描いていくのです。

『HANA-BI』の前半には2つの時間が並行して流れています。1つは、西の刑事時代。同僚の堀部（大杉漣）が撃たれてから、部下の田中（芦川誠）が銃撃事件で命を落とすまでの時間です。もう1つは、刑事を退職してからの時間。この2つの時間が推移しながらかわるがわる、出てきます。『ＨＡＮＡ-ＢＩ』はストーリーの進行と編集が見事にシンクロしている映画なのです。

私が授業でよく見せるのは、前半の駐車場のシーンです。西が車に戻ってくると作業服を着た2人組が待ち構えている。1人がナイフを向ける。それを見た西は、殴りかかり、激しい乱闘になる。このシーンでは、特定の動きに焦点を置いて、それ以外は全部省いてあえて映さないという手法をとっています。静的な映像に乱闘の音だけが入る。それがかえって危機的な状況をかもしだしているのです。これはまさに北野映画の特徴的な編集手法です。

もちろん、有名なラストシーンも見せます。西と妻の美幸が海を見ながら浜辺で座っているシーンです。このエンディングには北野監督が描きたかった時間と人生の関係性が凝縮されています。

――『ＨＡＮＡ-ＢＩ』が公開されたのは１９９８年です。この当時の日本の空気感のようなものも反映されていると思いますか。

一般的に日本映画には「ラストシーンで主人公が海で死ぬ映画」がとても多いのです。ほかの国の映画では、エンディングにこれほど海は出てきませんし、登場人物が死ぬために海に行くこともありません。特に1990年代につくられた日本映画にはその傾向が見られます。たとえば、1993年公開の『ソナチネ』でも、主人公が自殺するのは、海へ向かう道の途中です。なぜ日本人は死ぬために海へ行くのか。それを考える上でも『HANA-BI』のラストシーンは興味深いのです。

バブルが崩壊した後の1990年代の日本といえば、厭世的な雰囲気がありました。何をやっても暮らしはよくならないし何も変わらない。日本という国は「変わらない」国なのだと。ただ人生の延長戦のように、時間だけが過ぎていく……。

『HANA-BI』にも同じ空気感が流れています。病におかされた妻や、凶悪犯に銃撃されて下半身が不自由になった堀部（大杉漣）の日常は何も変わらない。西（ビートたけし）が妻や堀部のためにどんなに努力しても、現実は変わらないのです。

ここから抜け出すにはどうしたらいいのか。日本を出るしかない。日本を出るにはどうしたらいいのか。そうだ、海へ行けばいい。でも海にたどりついてみたら、そこから先はどこへも行けないことに気づく。その先に行くには、死ぬしかない。『HANA-BI』のラストシーンは、閉塞した日本社会を悲観する日本人の人生観を象徴しているのです。

『HANA-BI』は1998年に日本で公開されました。もちろん北野監督自身が94年に交通事故で重症を負い、その後、苦しい時間を過ごした、ということも影響しているでしょうが、やはり、98年という時代性も作品に反映されていると思います。

『もののけ姫』を題材に環境問題を考える

――ハーバードの学生から、スタジオジブリ製作の映画がアメリカの高校で教材になっていると聞きました。なぜ今、ジブリ映画が、アメリカの高校や大学で教えられているのでしょうか。

その目的は2つあると思います。1つめは、映画がアメリカ国外ではどのように制作され、解釈されているかを学んでもらうためです。アニメーションであるジブリ映画は親しみやすいので、外国映画の教材としてはうってつけなのです。

もう1つは、ジブリ映画を通じて、社会問題を考えてもらうためです。たとえば、高校や大学の授業では、『もののけ姫』が環境問題をテーマに議論するための題材としてよく使われます。

森を守るべきか。それとも、産業の発展を優先すべきか。

『もののけ姫』では、森を守ろうとする「サン（もののけ姫）」と自然を破壊して鉄をつくっている「エボシ御前」が対立します。しかしエボシ御前は恵まれない女性に職を与え、病人に生きる場を与えています。では、社会的弱者を守るためであれば、森を破壊してもいいのか。森を傷つけずに、なおかつ、弱者を守るにはどうしたらよいのか。これはとても難しい問題です。サンとエボシ御前を比べても、どちらが善で、どちらが悪か、完全に区別することはできません。ジブリ映画はこうした白黒つけられない問題、善悪の境界線について深く考える機会を与えてくれるため、素晴らしい教材となるのです。

このような善悪両面あわせ持つキャラクターは、ほかのジブリ映画にも登場しています。『千と千尋の神隠し』の湯婆婆《ゆばーば》は、強欲で横暴な経営者ですが、行き場のないものには無条件で仕事を与えますし、その双子の姉、銭婆《ぜにーば》も冷徹で恐ろしげな魔女として怖れられているものの、千尋やカオナシなど弱者には優しく接します。『天空の城ラピュタ』の空中海賊「ドーラ一家」の女首領ドーラも、財宝を盗むことを生業とする一方で、主人公の少女、シータの理解者となり、善いことを達成する手助けをします。

こうした作品を授業で取り上げると、「ジブリ映画は深く考えさせる」と学生からの評判がとても良いのです。

――善と悪の境界線を曖昧に描くのは、日本映画全般に共通する特徴でしょうか。

日本映画は多種多様なので、すべての日本映画に共通するとは言い切れないですが、総じて日本映画は、「善対悪」をはっきり描かないとは言えると思います。この人が「善」で、この人が「悪」である、とは決めつけないのです。もちろん、わかりやすい勧善懲悪モノもありますが、日本映画には、善悪の境界を曖昧に描く傾向があるのは確かです。

多くの日本映画の根底には「善の中には悪があり、悪の中にも善がある。たとえ悪者であっても、その行動を起こしたのには相応な理由がある」という考え方があります。その理由は極めて人間的なものです。そのため日本映画を見るときは、双方の立場をとても深く理解する必要があります。こうした視点はほかの国の映画にはあまり見られないものなので、授業でも議論が盛り上がります。

――アメリカで最も有名なジブリ映画は『千と千尋の神隠し』ですが、あえて『天空の城ラピュタ』を教材として選んだのはなぜですか。

もちろん学生にダントツで人気があるのは『千と千尋の神隠し』であることは理解しています。その上で『天空の城ラピュタ』を選んだのには2つ理由があります。

1つは、『天空の城ラピュタ』にはより多くの学術論文があることです。私の授業では議論のガイドラインとして、事前に映画批評や論文を読んでもらうようにしています。専門家の分析は新たな視点を与えてくれますし、「この意見には賛成だ」「この論評には反対だ」など、ポジションをとって議論をしやすいからです。

もう1つは『天空の城ラピュタ』が宮崎駿監督作品の特徴をよりわかりやすく伝えていることです。その1つが、登場人物の性別とテクノロジーの関係です。宮崎映画では、しばしば男の子は乗り物に乗って飛行し、女の子はほうきなどを使って上に浮き上がります。男の子は飛行機や宇宙船など「テクノロジー」の力を使い、女の子は「魔法」の力を使って空を飛ぶのです。

授業で「なぜ宮崎監督はこのように描くのだろうか」と学生に問いかけると、毎回、議論が白熱します。「なぜ女の子はテクノロジーの恩恵を受けられないのか」「なぜ女の子は自分で飛行機をつくって飛べないのか」と異論を述べる学生もいます。『天空の城ラピュタ』は映画に描かれているテクノロジーと人間との関係性を考える機会を与えてくれるのです。

なぜ日本のアニメは国境を越えて愛されるのか

――日本のアニメーションの多くは、長らくセル・アニメーションの技法で制作されてきましたが、1990年代後半以降は急速にデジタル化が進み、現在では作画や背景画は従来どおり手描きでも、それ以降の工程がすべてコンピューターで行われるようになっています。スタジオジブリでも『もののけ姫』制作終了後、仕上・撮影部門の全面的デジタル化に踏み切りました。*3 1986年に公開された『天空の城ラピュタ』はデジタル化が導入される前の作品ですから、日本のアニメーションの表現手法を学ぶ上でも意味深いですね。

1980年代に製作された『天空の城ラピュタ』では、伝統的なセル・アニメーションの手法が使われていますが、『アナと雪の女王』や『トイ・ストーリー』のようなディズニー／ピクサー映画はフルCGで制作されています。問題は、この手法の違いが観客の視覚や視点にどのような影響を与えるかです。

3DCG《スリーディーシージー》アニメーション映画を見ると、観客はデジタルでつくられた三次元の世界に入ります。それは正確無比な世界で、自分はどこからキャラクターを見ているか、キャラクターはどういう位置関係にいるのか、一目瞭然です。

マギル大学のトーマス・ラマール教授は、「高速で動いている弾丸の先端、落ちていく爆弾の先端、機関車の一番前などに観客の視点を置く傾向がある」[*4]と述べていますが、3DCG映画の飛行シーンを見ていると、観客はまるで自分が宇宙船かミサイルになったような感覚に陥ります。つまり、制作者が観客の視点を決めてしまうのが3DCG映画なのです。

一方、二次元であるセル・アニメーションの映画は、観客の視点を規定しません。セルという二次元の画の重なりで動きをつくっているため、観客は、自分の想像で好きな位置を決めて視聴することができます。そのため、3DCGよりもより自由なビジュアル表現を実現できる、という意見もあります。

——なぜ日本のアニメーションは国境を越えて愛されるのだと思いますか。

まず一般的に実写よりもアニメーションのほうが文化の壁を越えやすいことです。実写では登場人物がいつ、どこで、何をしているか、一目瞭然で、観客に想像する余地を与えません。すると観客は「これはアメリカ人の話」「これは日本の話」と無意識に距離を感じてしまうのです。一方、アニメーションは登場人物が住んでいる場所や時間を観客の想像で決めることができます。そのためより物語の世界の中に入り込みやすいのです。

次に日本のアニメーションが既存のストーリー、キャラクター、表現手法を混合させたり、組み合わせたりする「リミックス装置」であることです。そのストーリーやキャラクター設定は、日本の物語だけではなく、ディズニー・アニメーション、ヨーロッパのおとぎ話、中国の昔話、近代のSF文学などからも影響を受けていますし、表現手法についても、フルアニメーション、リミテッド・アニメーション、3DCGなどさまざまな手法を効果的に組み合わせています。こうしたリミックスによって、全く新しい世界をつくりあげるのが、日本のアニメーションの本質です。

このような文化的な混合は、現代の若者が日常的に体験しているものです。インターネットの出現により、情報や作品が簡単に国境を越えるようになり、互いの文化により影響を与えるようになりました。日本のアニメが世界の若者に支持されているのは、そのリミックスを基本とする世界観が、若者の感覚にとても合うからだと思います。

――『源氏物語』は世界最古の長編小説と言われています。以来、日本では多くの物語が書かれ、語られてきました。日本人の持つストーリーを創造する力もまた優れたアニメ作品を生み出す原動力になっていますか。

もちろんです。日本には、脈々と受け継がれてきたストーリーがあります。日本人は伝統的に活字を読むことが好きな国民です。世界から見ても日本の出版市場は巨大で、アニメの原作となる小説、ライトノベル、漫画などが次々に生み出されています。出版市場だけではありません。日本では、映画、テレビドラマなど、物語を軸としたコンテンツビジネスが巨大な産業となっています。これほど多種多様なアニメーションを制作できるのは、産業として成功していることが大きいと思います。グローバル市場だけではなく、国内市場も非常に大きいのです。

多くのストーリーを生み出す土壌があり、なおかつ、産業として成り立っている。それが、日本のアニメーションの強さにつながっていると思います。

宮崎駿と押井守が描く人間とロボットの関係性

――日本のアニメーションは、人間とテクノロジー、とりわけロボットとの関係をしばしば描きますが、授業で取り上げている宮崎駿監督と押井守監督はそれぞれこのテーマにどのように向き合っていますか。

宮崎駿監督の作品には、人間とロボットの間に明確な境界線がありますが、押井守監督の作品にはその境界線がありません。

宮崎作品において、ロボットやテクノロジーは、人間との対立構造の中で描かれます。『天空の城ラピュタ』のロボット兵は敵ですし、『もののけ姫』『風の谷のナウシカ』等でもテクノロジーは自然を破壊するものとして登場します。宮崎監督は「人間対テクノロジー」という対立構造を描くことによって、「人間性とは何か」「人間がどうテクノロジーと向き合うべきか」を問いかけることに重点を置いているのです。

一方、押井監督は、人間とロボットを相対する存在としては見ていません。彼が描きたいのはポスト・ヒューマン、つまり、人間の次に来るものです。『GHOST IN THE SHELL／攻殻機動隊』の主人公、草薙素子はサイボーグです。人間が進化したらどうなるのか。人間と機械の境界線が曖昧になった世界の中で、人間性を保てるのか。押井監督は、人間とテクノロジーの対立ではなく接点に興味があるのです。

――押井守監督の『GHOST IN THE SHELL／攻殻機動隊』の実写版『ゴースト・イン・ザ・シェル』が公開されたとき、主人公の草薙素子の人種をめぐって、アメリカでは大論争が巻き起こりました。

２０１７年に『ゴースト・イン・ザ・シェル』が公開されたとき、最も大きな問題になったのは、草薙素子をスカーレット・ヨハンソンが演じたことです。アメリカでは「なぜ日本人の草薙素子を白人のスカーレット・ヨハンソンが演じるのか」「アジア人俳優の機会を奪うのか」などと異論を唱える人が続出しました。アメリカ人にとって、人種の問題はとても大きな問題で、映画はアメリカ社会の公平性と多様性を反映したものでならなくてはならないという考えがあります。この論争はアメリカ人が草薙素子を

「日本人」、つまり人間として見ていたことのあらわれです。

一方、押井監督にとって、『攻殻機動隊』の草薙素子は、日本人を超えた存在です。インタビューでも「実写版においてスカーレット・ヨハンソンは最良のキャスティング」とした上で「『少佐』はサイボーグであり、彼女の身体は完全に仮想のものです。そもそも『草薙素子』という名前や現在の身体は、生まれつきの名前や身体ではなく、アジア人の女性が演じなければいけないという意見には根拠がありません」[*5]と述べています。

面白いことに、実写版のキャスティングに対して日本人の観客は「ハリウッド映画なんだから、しようがないよね」という感じであまり気にしていない様子でした。押井監督と同じように草薙素子を人間ではなく、サイボーグとして見ていたからだと思います。

――日本の漫画、アニメーションの中には、『鉄腕アトム』『ドラえもん』『Dr.スランプ』のように、人間型ロボットを友達として描く作品がたくさんあります。その理由をどのように分析されていますか。

実は同じような質問を学生から受けるのです。ロボットの描き方は国によって異なりますが、概して日本人はロボットに対して肯定的なイメージを持っていて、欧米人は複雑な感情を抱いているといえます。

日本人はなぜロボットを友人だと思うのか。その要因として、神道の影響を挙げる学者もいます。日本人は、動物、植物のみならず、ものにも魂が宿ると考える、と。もちろんそれもあるでしょうが、私は日本人が歴史的にテクノロジーを「理想的な社会を実現するのに不可欠なもの」ととらえてきたことと深い関係があると分析しています。

明治維新の後、日本は近代化に成功し、豊かな国になりました。国民全体が「テクノロジーは国を豊かにする」と信じていなければ、経済成長は実現できなかったでしょう。たとえば、大正時代に創刊された『子供の科学』『少年科学』などの少年雑誌を見てみると、どれもテクノロジーを肯定的にとらえているのがわかります。

当時は、国全体が「殖産興業」に邁進していた時代で、政府も、科学技術教育に力を入れていました。そのため「技術やテクノロジーを身につけることが欧米に追いつくために不可欠だ」という考えがどんどん浸透していったのです。

テレビで『鉄腕アトム』の放送が始まった1963年は、高度成長の真っ只中でした。当時、日本は製造業を中心に飛躍的な成長を遂げていて、日本人はテクノロジーの力をさらに実感しました。鉄腕アトムは、電子頭脳を持ち、60ヵ国語を話せて、原子力モーターで動きます。まさに日本がめざす未来の「技術立国日本」を体現していたのです。

――日本人とは違って、なぜ欧米人はロボットに対して複雑な感情を抱くのでしょうか。

一般的に欧米人はテクノロジーに対してアンビバレントな感情を抱いていて、「テクノロジーは人間の役に立つが、信じすぎるのは危険だ」という思いがどこかにあります。ハリウッド映画には、概して「人間対ロボットの戦い」を描いた作品が多いですが、中には『トランスフォーマー』や『ターミネーター』のように、良いロボットと悪いロボットの両方が出てくる映画もあります。これらの作品は、「ロボットは人間に役立つこともあれば、害をもたらすこともある」というアメリカ人の複雑な感情を反映していると思います。

またアメリカには、「人間型ロボットは奴隷制の歴史を彷彿させる」と、存在そのものに抵抗感を示す人もいます。「かつて人間が同じ人間をモノのように扱っていた時代があった。それゆえ、人間型ロボットはこうした負の歴史を思い出させる不快なものだ」という考え方です。『スター・ウォーズ』や『ウォーリー』には、親しみやすくて、人間のような心を持つロボットが登場しますが、鉄腕アトムとは違って、その外見は人間とはかけ離れています。

今、アマゾンエコーや、グーグルホームなど、スマートスピーカーが売り出されていますが、面白いことに、これらは人間と同じように話し、会話もするのに、人間のような形をしていません。日本のメーカーなら、おそらくペッパーのような人間型ロボットの形にしたのではないかと思います。

イーロン・マスクがアニメに夢中になる理由

——イーロン・マスクやスティーブ・ジョブズなど、世界的なＩＴ企業の経営者の中には、日本のアニメーションから影響を受けている人が多数いますが、その理由は何だと思いますか。

私も興味深い現象だと思っていました。IT起業家がアニメーションに夢中になるのは、ITビジネスの本質が「リミックス」にあるからだと思います。情報をフラット化し、必要な情報を収集し、それらを組み合わせて、新事業をつくる。ここにアニメーションとの共通点があるのです。

先ほども申し上げましたが、アニメーションはまさに「リミックス装置」のようなものです。その本質は、既存のスタイル、ストーリー、キャラクター設定を組み合わせ、再構築することによって、全く新しい世界をつくりあげていくことです。

さらには、日本のアニメーションにはサイエンスフィクションを描いている作品が多く、未来のテクノロジーがたくさん登場するのも魅力の一つでしょう。『鉄腕アトム』『GHOST IN THE SHELL／攻殻機動隊』に描かれた世界は、今、次々と実現しようとしています。こうした未来志向性は、今後も世界中のIT企業経営者から注目されていくと思います。

アレクサンダー・ザルテン准教授が読者に薦める10本
もののけ姫（宮崎駿監督、1997年）
戦場のメリークリスマス（大島渚監督、1983年）
人間蒸発（今村昌平監督、1967年）
羅生門（黒澤明監督、1950年）
GHOST IN THE SHELL／攻殻機動隊（押井守監督、1995年）
ゆきゆきて神軍（原一男監督、1987年）
砂の女（勅使河原宏監督、1964年）
秋日和（小津安二郎監督、1960年）
薔薇の葬列（松本俊夫監督、1969年）
お葬式（伊丹十三監督、1984年）

アレクサンダー・ザルテン准教授のお気に入りの10本
花筐／HANAGATAMI（大林宣彦監督、2017年）
ゆれる（西川美和監督、2006年）
スカイ・クロラ The Sky Crawlers（押井守監督、2008年）
紀子の食卓（園子温監督、2006年）
台風クラブ（相米慎二監督、1985年）
用心棒（黒澤明監督、1961年）
巨人と玩具（増村保造監督、1958年）
人間蒸発（今村昌平監督、1967年）
ヒポクラテスたち（大森一樹監督、1980年）
ディア・ピョンヤン Dear Pyongyang（梁英姫監督、2006年）

コラム　日本に魅了された学生たち①

日本のアニメ・ゲームはエネルギーの源

ハーバード大学経営大学院では、依然として日本企業や日本史に関する授業が人気を集めている。成長著しい中国企業やインド企業が授業で取り上げられる機会が増えてきているが、学生にインタビューすると「日本について学ぶ授業はなぜか心に響く」という。新幹線の清掃を請け負うJR東日本テクノハートTESSEI、トヨタ自動車、岩崎弥太郎、徳川吉宗……。日本の事例にはどれも学生を驚嘆させるストーリーがある。

今回の取材では、デイヴィッド・アサートン助教授（日本文学）とアレクサンダー・ザルテン准教授（メディア論）の授業を履修する学生にインタビューすることができたが、学生の人生に大きな影響を与えていたのも、やはり日本の作品が持つストーリーであった。アメリカ人だけではなく、中国人、韓国人の留学生が日本から熱心に学んでいたのが印象的だった。

アメリカ人のサム・シャーフスティンさん（Sam Sharfstein　男性・19歳）は、高校時代、授業で映画『千と千尋の神隠し』を見たときのことが忘れられない。教養教育を重視するアメリカのエリート高校には、映画の授業があるそうで、同映画と『トイ・ストーリー』を比較する内容だったそうだ。シャーフスティンさんは言う。

「『千と千尋の神隠し』を見たとき、本当にすごい映画だと思いました。これまで見たこともない映像とストーリー展開にただただ圧倒されるばかりでした」

特に共感したのが、ラストで千尋が人間の世界に戻っていくところ。この映画がハーバード大学を受験するきっかけにもなったという。

「映画を見たあとにすぐ目に浮かんだのは家族との思い出です。『大学へ行ったら家族とも離れ離れになるかもしれないけれど、自分にとっては家族との絆がいちばん大事だな』と思ったのです。どこへ行って、何をしても戻る場所は家族だと。そこで家族のいる場所から近い東海岸の大学のみを受験しました。西海岸の大学は一切受けませんでした。ハーバード大学を受験したのも祖父がボストンにいるからです」

同じくアメリカ人のダラ・バドンさん（Dara Badon　女性・19歳）が今も夢中になっているのは、任天堂のゲーム『ゼルダの伝説』だ。テーマ音楽をいつでも聞くことができるように、スマートフォンに入れて持ち歩いているという。

「『ゼルダの伝説』は音楽も映像も美しいですが、何よりも素晴らしいのがストーリーです。主人公のリンクからパワーをもらえるような気がして、子どものころ、つらいことがあると、いつも『ゼルダの伝説』で遊んでいました。ハーバードの受験中もどれだけ勇気をもらったことか。私にとって『ゼルダの伝説』はエネルギーの源なんです」

前へ進む勇気を与えてくれる「悟空」

中国人のリン・ケンさん（Ken Lin　中国名：林鴻燊　男性・19歳）は、子どものころに読んだ漫画『ドラゴンボール』の悟空から、つらいことに遭遇しても果敢に新しいことに挑戦する姿勢を学んだという。

「悟空は何があっても前向きです。どんなに強敵があらわれても『ワクワクするぞ！』と言って立ち向かっていくし、困難なことがあっても『ま、いっか！』と楽天的に考えます。それに強くなるために修行を怠らないところも、かっこいいと思いました」

リンさんは、高校からアメリカに留学し、人一倍努力を重ねて、ハーバードに合格した。

「『前向きに生きる』と『真面目に努力する』ことの価値を最初に教えてくれたのは悟空です。悟空に出会わなかったらハーバードにも挑戦しなかったかもしれない。そういう意味では『ドラゴンボール』が人生に与えた影響は大きいです」

リンさんは、さらに挑戦を続け、卒業後は、起業したいと考えている。

アメリカで生まれ育った韓国人のキム・ジュンヨンさん（Jun-Yong Kim　男性・19歳）が影

響を受けた作品はテレビアニメ版の『DEATH NOTE』だ。このアニメは善と悪の境界線について深く考えるきっかけになったという。

「『DEATH NOTE』の主人公ライトは、人を殺すことができる能力を得ると、その力を世界の凶悪犯を抹殺するために使います。私たちの生きる世界は法律によってルールが決められていて、それにのっとって犯罪者に懲罰を与えることになっています。しかし警察や検察が必ずしも正義を貫けるとは限らないのです。彼の行為は果たして善なのか、悪なのか。ものすごく考えました」

キム・ジュンヨンさんは、卒業後、ロースクールに進学し、弁護士となり、アジア系アメリカ人の地位向上につながる活動をしていきたいという。

韓国からの留学生で、大学院の博士課程に在籍するキム・ユソンさん（Yusung Kim　女性・36歳）は、日本の作品が持つ近未来性に魅せられた。

「子どものころは『鉄腕アトム』と『銀河鉄道999』が大好きで、大学に入ってからは、小松左京や星新一のショートショートに夢中になりました。小松左京は、1960年代に、テレビ電話、超高速電車、超高速旅客機、自動運転の電気自動車などの出現を予測していたと知り、その先見性に興味を持ちました」

一般的に韓国では日本の小説の人気が高いが、SF小説もまた一つのジャンルとして確立され、熱心な読者に支持されているという。

「戦後、日本は科学技術の開発を進め、経済成長を遂げてきましたが、そこから生まれたメディア文化は、韓国を含む東アジアの国々に大きな影響を与えてきました。今後も１９６０年代、70年代の日本の小説、映画などを専門に研究していきたいと考えています」

自動車や電化製品に比べれば、漫画、アニメ、ゲームが日本にもたらす経済効果はまだまだ小さい。しかし、将来、各国で政財界のリーダーとなるエリート学生の人生にこれほど影響を与えているとすると、その威力は10年後、20年後に確実に現れてくるのではないか。

第2講義 **美術史**

日本人はなぜ細部にこだわるのか

天才絵師、伊藤若冲の絵画に宿る生命

ハーバード大学教授

ユキオ・リピット

Yukio Lippit

専門は美術史、建築史。主に中世、近世の日本絵画、日本建築を研究。アメリカにおける伊藤若冲研究の第一人者の一人。『江戸時代の芸術家』*1『伊藤若冲——動植綵絵』*2など中世、近世の日本絵画に関する著書、編書多数。

テクノロジーの進化とともに、絵画を科学的に分析する技術も飛躍的に進化しており、西洋画の世界では「あの名画の下にこんな別の絵が隠されていた」といった発見が相次いでいる。こうした中、ますます国際的な評価を高めているのが、伊藤若冲《いとうじゃくちゅう》だ。現在、日本の研究者が蛍光X線や超高精細カメラを使った分析を進めているが、次々と明らかになる若冲の超絶した技法には驚嘆するばかりだ。若冲の人気は今、日本から世界へと着実に広がりつつある。

若冲作品を鑑賞すると、どうしても神業のような技術ばかりに目が向いてしまうが、ユキオ・リピット教授は、若冲の絵画に宿っている人生観や宗教観にも光をあてる。若冲は、「異能」「奇才」といった形容詞とともに語られることが多いが、リピット教授は、若冲は江戸時代、決して異端な画家ではなかったと言う。

では、なぜ若冲はこれほどまでに細部を描くことにこだわったのだろうか。若冲が江戸時代の日本人であったことが、絵画の世界観にどんな影響を与えたのだろうか。「若冲と日本人」という観点からリピット教授に解説していただいた。

（2018年10月11日　インタビュー）

アメリカを熱狂させた若冲

――日本では伊藤若冲（１７１６～１８００）のブームが続いていますが、アメリカではリピット教授がキュレーターをつとめた展覧会を契機に人気が高まったそうですね。

アメリカで若冲の作品が本格的に紹介されたのは、２０１２年にワシントン・ナショナル・ギャラリーで開催された「色彩の世界・伊藤若冲　日本花鳥画展」[*3]が最初です。展覧会では、さまざまな動植物を生命力豊かに描いた『動植綵絵《どうしょくさいえ》』（宮内庁三の丸尚蔵館蔵）全30幅と『釈迦三尊像』（京都・相国寺《しょうこくじ》蔵）３幅をあわせて展示しました。

当時、若冲はアメリカではまだ無名に近い存在で、私が来場者に「若冲は今、日本で最も有名な画家で、もしかしたら葛飾北斎よりも人気があるかもしれませんよ」と説明すると、皆、一様に驚いていました。私自身もびっくりするぐらい、知られていなかったのです。

ところが、ニューヨーク・タイムズ紙[*4]とワシントン・ポスト紙[*5]が相次いで好意的な批

『動植綵絵』のうち「南天雄鶏図《なんてんゆうけいず》」

評を掲載してくれたこともあって、ソーシャルメディアと口コミで評判はどんどん広がりました。その結果、4週間の会期中の来場者は23万5000人にもおよび、ワシントン・ナショナル・ギャラリー史上7番目に多い来場者数を記録しました。カタログは2週間で売り切れ、数千部を増刷しましたが、それもすぐに売り切れました。この若冲の人気ぶりには驚くばかりでした。

若冲がアメリカで人気を博した要因は3つあります。第一に作品の持つ力が国や文化を越えて普遍的であること。芸術、視覚効果、絵画の技法に興味がある人であれば、誰もが夢中になるでしょう。第二に保存状態が極めてよいこと。相国寺、宮内庁および三の丸尚蔵館が最高の状態で保存してくれたおかげで、アメリカ人の来場者にも、若冲作品の特徴である色の鮮やかさや質感を感じてもらえました。第三に、日本を代表する美術史家が絶えず研究し続けてきたこと。昨今では、科学的な分析から新たな事実がいくつも見つかっています。

この展覧会で実感したのは、若冲の研究は、日本絵画全般の本質を理解することにつながるということです。若冲の絵画を見てもらえば、日本絵画がどのように描かれ、どのような新しい技術が使われているのか、すべて説明できてしまうのです。

――なぜ若冲の作品は、21世紀に入ってから、にわかに脚光を浴びたのでしょうか。

一般的には「21世紀になって突如、脚光を浴びた」と思われているようですが、これは誤解です。若冲は江戸時代から、明治・大正まで、ずっと有名な画家だったのです。「若冲は21世紀に再びその価値が評価された」という言い方が正しいと思います。

江戸時代の『平安人物志』という京都の紳士録を見ると、若冲は円山応挙《まるやまおうきょ》らとともに画家のカテゴリーの2番目や3番目に掲載されています。

明治時代に入ってもその人気が衰えることはなく、１８８５年には若冲の没後85年を記念して臨済宗相国寺で大規模な法要が営まれるとともに、画家の久保田米僊《くぼたべいせん》が若冲の肖像画を描いて寄進しています。

1904年にアメリカで開催されたセントルイス万国博覧会の日本館の中には「若冲の間」がありました。これは若冲が当時、日本を代表する画家だったことの証しです。1926年には、東京帝室博物館（現・東京国立博物館）で、大規模な「動植綵絵展」が開催されています。

ところが、あれほど有名だった若冲が、なぜか戦前から1990年代まで、人々に忘れ去られてしまった。これは私にとっても疑問であり今後の研究課題でもあります。

私の絵は千年後に理解される

――若冲が「千載具眼の徒を竢つ」、つまり「私の絵は千年後に理解される」と言ったのは有名です。その真意はどこにあると思いますか。

この言葉は、画家としての若冲の野心のあらわれでしょう。日本語で「野心家」というと若干ネガティブな印象を受けますが、若冲の場合は野心家であったことが創作活動にプラスに働いたのです。自らの作品の価値を信じていた若冲には、「私の作品は未来永劫、残っていく」という絶対的な確信がありました。

若冲は、『釈迦三尊像』と、30幅の『動植綵絵』を描き、1765年から1770年にかけて、相国寺に寄進しています。その目的は、相国寺の観音懺法《かんのんせんぼう》で掲げてもらうことでした。観音懺法とは、禅寺で行われていた、経を唱えて罪過を懺悔する法要で、仏画を掲げることが伝統になっていました。若冲が「釈迦三尊像」を描く上でモデルとしたのは、臨済宗東福寺に所蔵されていた中国画です。東福寺の観音懺法では、室町時代の画家、吉山明兆《きっさんみんちょう》の仏画が使用されていました。おそらくこの仏画に触発されて、『釈迦三尊像』を描いたものと思われます。

若冲は、観音懺法という禅寺の伝統的な儀式で象徴的に使われる仏画を描いた画家として、後世に記憶されたかったのでしょう。「千年後」と言ったのは、仏教の長い歴史の一部を彩るものとして、自分の絵画をとらえていたからです。若冲には画家として歴史に名を残したいという並々ならぬ野心があったのです。

――狩野派の画家とは違って、若冲は独学で絵画を学んだといわれていますが、なぜこれほどまでに自分の作品に自信を持てたのでしょうか。

若冲が活躍した江戸時代中期は、伝統的な画派に属さない画家が数多く輩出し始めた時代でした。それまでは、狩野派のような専門画家集団が新人画家の教育を担っていたのですが、18世紀になると、この育成システムの外で多くの画家が誕生するようになったのです。

その理由は主に3つあります。第一に、版画技術が発展したこと、第二に、画家になるためのマニュアルやノウハウ本が簡単に手に入るようになったこと、そして第三に中国から来日した画家の影響です。

17世紀には、明から黄檗宗《おうばくしゅう》が伝来し、黄檗宗の中国僧によって伝えられた写実的な肖像画を学んだ黄檗派と呼ばれるグループが生まれました。さらに18世紀前半には清の画家、沈南蘋《しんなんぴん》が来日し、写実的な花鳥画の技法を伝えました。沈南蘋を祖とするグループは「南蘋派」と呼ばれ、大名や学者の間で人気になりました。

若冲は特定の画派には属していませんでしたが、ある程度の基礎技術は狩野派で学んだと思います。筆使いや色付けの技術を独学で学ぶのは難しいからです。また南蘋派からの影響も受けていました。若冲の技術は、伝統的な画派に伝わる技法に、独自の技法を組み合わせたものだと思います。

なぜ若冲は特定の画派に属さなかったか。やはりここにもグループの一員ではなく、一人の画家として名を残したいという野心があったと思います。若冲は、系統だった教育を受けなかったがために、派閥のルールに制約されることもなく、自由に芸術を追求することができました。その結果、当時の絵画の常識からは考えられないような技法を開発し、独自の作風を確立することができたのです。

なぜハーバードで若冲を教えるのか

――リピット教授は2003年からハーバードで美術史の授業を受け持っていますが、若冲についてはどのようなことを教えているのですか。

私の授業では若冲をかなり大々的に取り上げています。大学院では若冲について専門的に学ぶ授業も開講していますし、学部生向けの「日本美術概論」という授業でも毎年教えています。授業では、若冲の技術だけではなく、彼の人生にも着目します。

若冲は、23歳で家業の青物問屋を継ぎ、商人の道を歩みますが、40歳のときに家督を次弟に譲ってからは隠遁生活を送り、絵画と仏教に没入しました。妻子も持たず、人生の後半をすべて芸術に捧げたことから、若冲は「異端の画家」だと言われています。

確かに若冲の人生はユニークですが、正直言って、私は若冲の生き方が江戸時代の一般的な人々と比べてそれほど常軌を逸していたとは思いません。

江戸時代、40歳は「初老」と言われ、若者のために引退する年齢と見なされていました。実際、当時の商人の世界では、40歳で隠居するのは極めて当たり前のことでした。自分が退くことによって、自分の子どもや後継者が家業の顔となれば、若いうちから顧客との関係や経営者としてのスキルを学ぶことができます。40歳で引退する慣習は、自分の跡継ぎを育成するための知恵でもあったのです。

――授業では美術館に行って絵画を鑑賞することもあると聞きました。なぜ実物の絵画を見ることが大切なのですか。

私たち教員は、美術史を教える際、できるかぎり実物を見てもらうようにしています。アメリカで若冲を教える利点は、若冲の絵画の実物が身近にあることです。ボストン美術館やロサンゼルス・カウンティ美術館のプライスコレクションをはじめ、主要な美術館には若冲の作品が所蔵されています。

視覚芸術に触れるときに重要なのは、文学や音楽と同じように時間をかけることです。小説を最後まで読むためには数時間かかるでしょうし、交響曲を聴くにも1時間ぐらいは必要でしょう。同じように絵画を理解するにも、その世界の中にどっぷりつかる時間がいるのです。

今の学生は、日常的に膨大な画像に接しているため、絵画を「写真」や「ネット上のグラフィック」と同列にとらえる傾向にあります。美術館で絵画を鑑賞する際も、ちょっと見ただけで、「もうわかった」と考えてしまいがちです。ところが、実物の絵画は立体的かつ複雑なもので、そんな簡単に理解できるものではありません。実際に見て、細部まで観察して、体感して、絵画の世界の中に没入してみると、とてつもなく深遠な経験が得られるのです。それには、1、2時間ぐらいは必要でしょうし、別の日にもう1回見ると、別の解釈ができるかもしれません。ネット上の画像や本の写真を見るのとは全く違う体験なのです。

――ハーバードの学生は卒業後、政財界のリーダーとして活躍する人が多いですが、なぜ日本の美術史を学ぶことが大切だと思いますか。

それは教養として重要だからです。ハーバード大学のカリキュラムの中で美術史は人文科学系の教養科目の一つですが、教養を得ることは、未来のリーダーだけではなく、すべての人間にとって大切なことだと思います。

「日本の美術史を学ぶ」とはすなわち「他国の歴史と文化を学ぶ」ことです。「自国と同じように他国にも優れた文化、文明、社会がある」ということを認識すれば、人間としての幅が広がります。他国から学ばなければ、自分中心の狭い世界から出ることはできません。教養は、自分の思考の限界を超えるためにも、自分とは異なる文化や社会に共感する力を養うためにも、必要不可欠なものなのです。

現代社会で生きる私たちは日々の生活に追われ、今、価値があると見なされていることしか関心を持ちません。しかし、私たちが生きている時代は長い歴史の中の一瞬の出来事にすぎません。実用的なことだけが、人類の発展にとって大切であるとは限らないのです。

最近の学生は自分のアイデンティティーについてとても関心があります。現在、アメリカでは、アイデンティティー・ポリティックスと呼ばれる政治活動がさかんになってきているからです。アイデンティティー・ポリティックスとは、「特定の民族、人種、性別、宗教などが要因で社会的不平等を被っている」と訴える人々の声を代弁するために行う政治活動のことです。

私が授業で伝えているのは、社会的に抑圧されている人たちの問題は、特定の国、特定の人たちだけの問題ではなく、世界全体の問題なのだということです。教養科目を教えることは、こうしたメッセージを伝えるのに最も効果的な手段の一つだと思います。

日本画家に求められる「一発勝負」の精神

――若冲の絵画の特徴は、動物、植物の生命にこだわり、それを極彩色と精密な筆致で表現したことです。技法という観点からみて、若冲は美術史にどのようなイノベーションをもたらしたのでしょうか。

興味深いのは、若冲自身が発明した新しい技法はそれほどないことです。若冲は既存の技法を進化させ、精緻性と完成度を極限までに追求した画家なのです。

たとえば、『動植綵絵』を科学的に分析してみると、若冲が絹の裏から絵の具を塗って、彩色の効果を高める「裏彩色《うらざいしき》」という技法を使っていたことがわかります。しかしこの技法も若冲独自のものではありません。その歴史は古く、平安、鎌倉時代の仏画でも使われています。

「裏彩色」は、特に仏陀の絵で効果を発揮しました。裏側から白を塗ると、絵画の内側からほのかな光が出ているように見えるので、絵画を正面から見たときに、まるで仏陀の生命が脈打っているように感じられるからです。若冲はこの仏画に使われている「裏彩色」の手法を応用し、絵画の中の植物や動物に命を吹き込みました。「裏彩色」だけではなく、色を重ねる手法についても同じことが言えます。これも若冲が発明したわけではなく昔からあった手法です。しかし、ここまで微細な色使いにこだわり、独自の彩色を実現した画家はいませんでした。若冲の彩色については東京文化財研究所の早川泰弘氏や宮内庁三の丸尚蔵館の太田彩氏らが専門に研究されていて、数多くの調査結果を発表しています。

油絵である西洋画とは違って、日本画の顔料は、何層も色を重ねる必要があります。色と色を混ぜる、ということはしないのです。若冲の絵画を蛍光X線で分析してみると、独自の色彩効果を出すために、さまざまな方法で伝統的な顔料を重ねているのがわかります。その重ね方は驚くほど複雑で、多様で、若冲が色彩効果がもたらす細かな違いにもこだわっていたことがうかがえます。このように既存の技法を完璧なレベルにまで極めつくしたのが若冲なのです。

——西洋画は上から塗りつぶし、日本画は色を重ねる。この違いについて、もう少し説明していただけますか。

最も大きな違いは、修正できるか否かです。油絵は失敗しても上から塗りつぶすことができます。何か描いてみて、ちょっと違うなと思ったら、キャンバスの上で修正すればよいのです。油絵の基本は色を混ぜることですから、何の問題もありません。ところが、日本画で失敗したら修正することなどできません。絹の上に墨を乗せれば、絹が墨を吸ってしまいますから、失敗しても消すことなどできないのです。また着色する際も、日本画の顔料は混ぜることができませんから、より集中力を要します。

「上から塗りつぶして書き直せる」西洋画と、「一発勝負でアウトラインを引き、色を重ねていく」日本画とでは全く違う精神が必要となるのです。そのため画家の育成方法も違っていました。

江戸時代、画家を志す人はまず師匠の弟子となり、何年も何十年も龍や鶴を墨で描く練習をしなければなりませんでした。古い名画を見ながら、模写して、体に覚え込ませていくのが基本的な学習方法です。これはまさに武術の「型」を覚える行為に近いものです。訓練していくうちに、自動的に龍や鶴を描くことができるようになります。

江戸時代の画家は、よく大名の宴会や会合に呼ばれ、即興的に絵を描いていました。これを「席画《せきが》」といいますが、画家は模写するモデルや絵が目の前になくても、体が覚えているものなら何でも描くことができました。

若冲の絵画における平等性

――若冲はなぜこれほど細部を描くことにこだわったのでしょうか。

若冲は30代後半に仏門に帰依し、在家の仏教徒となります。彼の仏教徒としての世界観は、作品に大きな影響をもたらしました。

若冲は「絵画のどの箇所もすべて同じように大切だ」と信じていました。絵画のどの部分にも「仏性《ぶっしょう》」が宿っていると考えていたからです。仏性がある、ということは、悟りを開いて道理を会得する力があるということです。それゆえ若冲は、仏性を持つものは全部、平等に扱わなくてはならないと考えていました。

若冲の絵画にはどの部分にも彼の芸術性が等しく注ぎ込まれています。鶏や鶴や孔雀などを描くときは、羽の一枚一枚、毛の一本一本まで、植物を描くときは、草の葉や花びらの一枚一枚まで、精緻に描きました。また、背景にも同様の手間をかけました。若冲の絵画の背景が一色で塗られていることはありません。裏彩色をしたり、微細な色を重ねたりして、工夫が凝らされているのです。

もちろん狩野永徳や円山応挙も熱心な仏教徒でしたし、当時、画僧もたくさんいましたが、仏性に基づく世界観をこれほど明確に体現した画家は若冲だけです。

――若冲は、極彩色の着色画だけではなく、白黒の墨画も描いています。絵画のモチーフによって着色画にするか、墨画にするかを決めていたのでしょうか。

実は若冲の作品のうち、着色画は10%程度しかありません。つまり彼は、日常的には墨画を書きながら、時折、着色画の大作を描いていた画家だったのです。両方描くというのは当時の画家としてそれほど珍しいことではありませんでした。『動植綵絵』も最初、着色画と墨画で構成されていました。若冲の支援者であった相国寺の大典顕常《だいてんけんじょう》の記録によれば、1760年ごろの『動植綵絵』には着色画と墨画が混在していたそうです。このあと、若冲は全部着色画にしようと決めたのです。

若冲は、中国画や高麗仏画を研究していましたから、これらの絵画から触発を受けた題材を描くときには、絹の上に極彩色を施した着色画にしています。また禅寺での儀式に使う絵画についても着色画にしています。『動植綵絵』を最終的にすべて着色画にしたのも、寄進するためのものだったからでしょう。しかしながら、若冲が着色画を集中的に描いていたのは初期のころだけで、その作品のほとんどは墨画なのです。

生き物の細部に宇宙を見出す

――葛飾北斎とは違って、若冲は星や星雲など、天文的な世界は描きませんでした。その理由はなぜでしょうか。

東アジアの絵画で太陽や星が描いてあるのはとても珍しいことです。特に星空はほとんど見たことがありません。ただし月だけは特別で、多くの絵画に登場しています。若冲も『動植綵絵』の中の『梅花皓月図《ばいかこうげつず》』や『月夜白梅図《げつやはくばいず》』で月を描いています。その理由は当時、月が一般的なモチーフだったことに加え、光の効果に興味があったからでしょう。若冲は墨画でも光のあたっているところとあたっていないところを描き分けています。墨画といえば、白と黒しかない単純な絵画というイメージがあるかもしれませんが、若冲の墨画は洗練されていて、微細な墨の濃淡で光を表現しているのです。

若冲は『旭日鳳凰図《きょくじつほうおうず》』『旭日雄鶏図《きょくじつゆうけいず》』『旭日松鶴図《きょくじつしょうかくず》』で太陽を描いていますが、これも東アジアの絵画からの影響でしょう。太陽は天帝の使者である鳳凰や鷹とともに象徴的に描かれることが多いですから、若冲も同じように鳥の絵に太陽を配したのでしょう。

確かに若冲は空や星には興味を持ちませんでした。若冲は、広大な天空ではなく、生物のディテールの中に宇宙を見出した画家でした。若冲にとっての宇宙は、空や星にはなく、鳥、花、など地上のすべての生物の中にあったのです。若冲の想像力が時空を超えるのは、生物の細部の中に宇宙を追求したからなのです。

――若冲は風景画もほとんど描いていません。その理由は何ですか。

伝統的な中国の画家は風景画を好んで描きました。風景は、無機質であるがゆえに、知識階級に属する自分の美学を投影できると考えられてきたからです。

日本でも池大雅など、風景画を描いた画家はたくさんいます。ところが若冲はあまり風景を描くことに興味がありませんでした。彼は自分自身の美学を投影するよりもむしろ、生き物の中に宿る生を見出すことに価値があると考えていました。無機質な遠景から「生」は感じられませんから、彼の絵画のモチーフにはならなかったのです。

日本人の美意識と技術力を極めた若冲

――若冲の作品は、日本人のどのような特性を反映しているでしょうか。

一般的に日本人のデザイン感覚は他国の人々に比べても優れていると思います。おそらくその要因は、高い教育水準と日本語の文字にあると思います。漢字を学べば、均整や意匠の感覚が自然に身につきますし、日本人は子どものころから漢字とひらがなとカタカナをしっかり学びますから、それだけで、デザインセンスが身につくのです。それに加えて、細部にこだわるのも日本人の特徴です。日本の製品のディテールへのこだわりと品質の高さは、他国の製品よりも抜きん出ています。

若冲の作品は、日本人のデザイン感覚と細部へのこだわりを究極的に体現しているといってもいいでしょう。

――今後、若冲についてどのような研究をしていきたいですか。

若冲の支援者であった大典顕常について研究していきたいと思っています。今、わかっている若冲の人物像は、大典が書いた記録がもとになっています。

江戸時代、多くの画家は読み書きができなかったため、知識人や禅僧を広報担当にしていました。若冲には大典が、円山応挙には円満院祐常《えんまんいんゆうじょう》がいました。画家は、絵画は残しても、自分の人生の記録を文字にして残さなかったのです。

大典は若冲の人生の演出家として重要な意味を持っていたと私は考えています。多くの研究者は、若冲を「エキセントリックな画家」としてとらえていますが、これは果たして本当なのだろうか。大典を研究すれば、さらに若冲のことが理解できるのではないかと思っています。

私が今最も興味があるのは、若冲と大典がお互いにどれほど影響し合っていたかです。大典は、若冲にお手本となるような中国や日本の名画を紹介していますし、絵画についてさまざまな助言もしていたでしょうから、若冲の芸術性に与えた影響は計り知れないと思います。

若冲の人生や絵画を学ぶことは、日本の美術そのものの本髄を理解することにつながるという思いをますます強くしています。今後も若冲について精力的に研究していくつもりです。

第3講義 遺伝学

日本人はどこから来たのか

古代DNA解析で迫る日本人の起源

ハーバード大学教授

デイヴィッド・ライヒ

David Reich

専門は遺伝学。古代DNA分析における世界的パイオニア。2015年、ネイチャー誌が選ぶ「今年度最も優れた業績を上げた科学者10人」に選出。主著に『交雑する人類――古代DNAが解き明かす新サピエンス史』*1。

ハーバードメディカルスクールのライヒ研究室は、ほかの学部とは比べものにならないほど厳重なセキュリティーで守られたビルの一室にある。何回もカードをかざさないとたどりつけないことからもライヒ教授の研究がいかに重要なものかがうかがえる。

今、世界で最も注目されている遺伝学者の一人といえば、間違いなくデイヴィッド・ライヒ教授だろう。初の著書である『交雑する人類――古代DNAが解き明かす新サピエンス史』は、アメリカとイギリスでたちまちベストセラーになった。

ライヒ教授の功績は、膨大なデータをもとに、人類の移動と交雑の歴史について新たな事実を次々に論文として発表してきたことにある。その古代DNAの抽出・解析技術は世界トップレベルといわれ、まさに古代DNA革命の中心にいる人物といえるだろう。

私たち日本人にとっては、ぜひとも日本人のルーツを解明してほしいところだが、これについては世界の遺伝学者からしても、いまだにミステリーなのだという。

日本人は一体どこから来たのか。本インタビューでは、ライヒ教授に今、遺伝学上わかっていることについて、できるだけ詳しく解説していただいた。

（2018年10月10日　インタビュー）

全ゲノム解析が塗り替える人類の歴史

――著書『交雑する人類――古代DNAが解き明かす新サピエンス史』が世界中で話題を集めています。この本を書こうと思った動機は何だったのでしょうか。

テクノロジーの進化は遺伝学の世界に革命をもたらしました。過去10年で古代の骨や化石から抽出したDNAを解析する技術は飛躍的に進化しました。以前はヒトゲノムの一部のデータしか解析できなかったのですが、現在はゲノム全体のデータを解析することが可能になっています。以来、人類の歴史に関する新たな事実が次々に発見されており、ものすごい勢いで既存の定説を塗り替えています。この革命が起こるまで、古代DNAは小さな研究分野にすぎなかったのですが、現在は非常に重要な分野と見なされています。

しかしながら、現役の遺伝学者が、人類史にこの革命がどんな影響を与えているのか、この新たな発見を新しい科学理論を確立していくのに、どのように利用できるのか、などについて解説した本はありませんでした。そこで、私は古代DNAの解析結果から「人類の歴史について、今、わかっていること」をまとめた本を書いてみようと思ったのです。ですから、この本は何か断定的な理論や結論を提示しているわけではありません。むしろ、途中経過をまとめたもの、といったほうがよいかもしれません。

『交雑する人類』を書き上げるまで3年かかりましたが、その間にも新しい事実がどんどん明らかになりました。ここに記したことは現段階では最新のデータから得られた結果に基づいていますが、まだまだ解明できていないこともたくさんあります。

日本の皆さんには、ぜひ全ゲノムから得られたデータがいかに人類史に破壊的な影響をもたらしたかを実感していただきたいと思います。

——ライヒ教授の解析方法は従来の方法とは、どこが違うのでしょうか。

これまでは、主にミトコンドリアDNA、または、Y染色体を解析する手法が使われていました。ミトコンドリアDNAは母親のみから遺伝し、Y染色体は父親のみから遺伝します。ミトコンドリアDNAをもとに、さかのぼっていっても、母親の母親の母親、といったように、1つのラインしかたどれません。実際には何人もの先祖から遺伝子を受け継いでいても、そのうちの1系統しかわからないのです。つまり、母親の母親の父親とか、父親の母親の母親からどんな遺伝子を受け継いでいるのかはわからない。同じことがY染色体の解析についてもいえます。こちらも父親の父親の父親、といったように1つの系統の情報しか得られません。

一方、全ゲノムを解析すると、先祖全員からどんなDNAを受け継いでいるかが見えてくるのです。何百人、何千人、何万人という先祖のDNAから、どういう影響を受けたかを解明することができます。

遺伝子を残せた先祖と残せなかった先祖がいる

——この本を読んで実感したのは、世界中の人々の先祖をたどっていくと、どんどん先祖同士がつながっていくということです。何千年、何万年とさかのぼっていくと、結局のところ、皆、つながっているんだなと。人類の歴史はまさに交雑の歴史です。

それはまさに私が著書で伝えたかったことです。私たちのDNAを5万年前までさかのぼると、10万人もの先祖からDNAを受け継いでいることになりますが、これは当時の世界人口よりも多いのです。つまり私たちは5万年前に生きていた人類のほぼ全員からから何らかのDNAを受け継いでいることになります。

——ところが、膨大な先祖の中には、現代人のDNAに遺伝的な影響を及ぼしていない人もたくさんいるそうですね。先祖全員が均等に子孫にDNAを受け渡しているわけではないというのは意外でした。

ヒトゲノムは23×2＝46本の染色体とミトコンドリアDNAを足した47本のDNA鎖で構成されています。1世代ずつさかのぼるごとに、現在のヒトゲノムの構成に影響を及ぼしているDNA鎖の数は71ずつ増えていきます。

たとえば、あなたのゲノムに影響を与えている両親のDNA鎖は、47＋71＝118本、4人の祖父母のDNA鎖は、47＋71＋71＝189本です。10世代までさかのぼると、47＋71×10＝757本のDNA鎖があなたのゲノムに影響を与えていることになります。

全ゲノムが語る豊かな物語

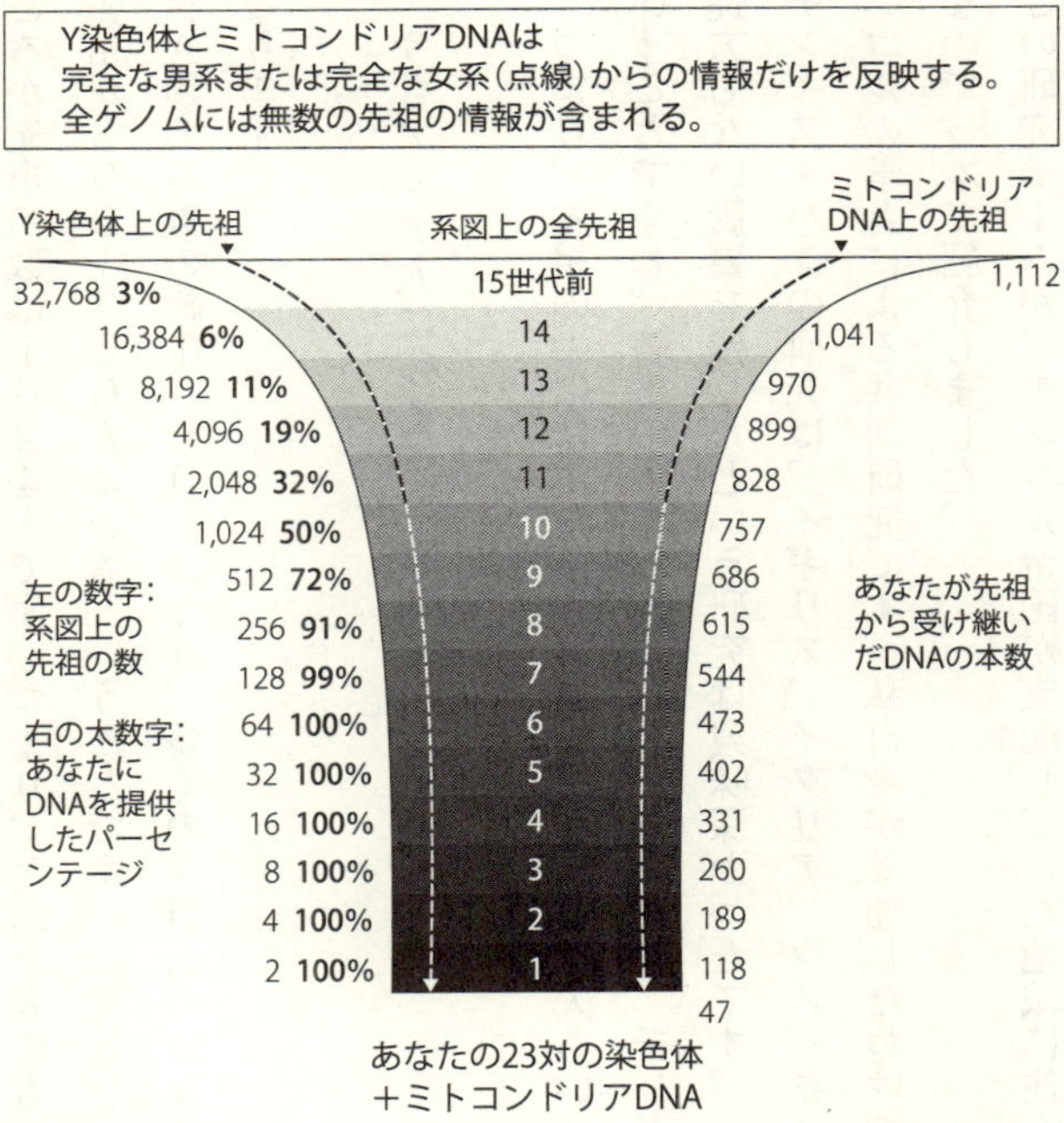

出典：デイヴィッド・ライク『交雑する人類――古代DNAが解き明かす新サピエンス史』日向やよい訳、NHK出版、2018年、45ページ。

ところが先祖の数は1024人です。つまり、どんな人にも、DNAを受け継いでいない先祖が200~300人はいるということです。20世代さかのぼると、先祖の数は、DNA鎖の本数の約1000倍になり、多くの先祖からDNAを受け継いでいないことになります。

今もアジア人に残るチンギス・ハンの遺伝子

——つまり、先祖の中には、たくさん遺伝子を残した人もいれば、そうでない人もいる、ということですね。著書の中でも紹介していましたが、チンギス・ハンの遺伝子が後世に途方もない影響を残したという研究は興味深かったです。

チンギス・ハンの研究は、イギリス、イタリア、ウズベキスタン、パキスタン、中国、モンゴルの学者による共同研究です。私自身が参加したわけではないですが、驚くべき話なので、本で紹介しました。

この研究チームが、モンゴル帝国が支配していた地域に住んでいる人々のY染色体を分析してみると、全男性の8％から、ある共通する配列が見つかりました。その配列をさかのぼっていくと、1300〜700年前に生きていた1人の男性に端を発することがわかりました。論文では、その男性はチンギス・ハンではないか、と推定しています。[*2] つまり、チンギス・ハンが多くの子孫を残し、そのまた子孫が多くの子孫を残し、東ユーラシアに住む何百万人もの男性の遺伝子に影響を残した可能性が高いのです。

強い権力を持つ男性が多くの女性との間に多くの子どもをつくり、その後継者もまた多くの女性との間に多くの子どもをつくる。その遺伝的な影響力は途方もないものです。

さらに前の時代には、チンギス・ハン以上に多くのDNAを現代の子孫に残した人もいます。たとえば東アジアやヨーロッパの人々のY染色体を5000〜6000年前までたどっていくと、ほぼ全員がある1人の男性のDNAを共有していることがわかっています。それが誰かはわかっていませんが、その時代にはすでに大きな権力を持つ人が存在していて、多くの子孫とともにDNAを残したことを示しています。遺伝子の影響力から権力の格差も見えてくるのです。

デイヴィッド・ライヒ

——日本の戦国武将の中にも子沢山はたくさんいます。日本にもチンギス・ハンの遺伝子を持つ集団と同じようなスタークラスター[*3]は存在するでしょうか。

十分なDNAデータがあれば、ハーバード大学の研究室で解析できると思います。遺伝学を研究する醍醐味は、データさえ入手できれば、確実に解が出るという点です。チンギス・ハンの研究と同じような形で、日本のスタークラスターについても遺伝子の分布図がつくれると思います。

日本人はどこから来たのか

——私たち日本人はどこから日本列島に来たのか。ライヒ教授のこれまでの研究から、わかっていることを教えていただけますか。

日本人の祖先は、中国人、韓国人と同じく東アジア人です。最新の調査によれば、本州に住む日本人のDNAの20%は縄文人、80%は弥生人に由来することがわかっていますが、縄文人、弥生人ともに、東アジア人の共通祖先にルーツを持ちます。確かに縄文人のDNAは、中国人や韓国人の祖先とかなり異なっていますが、西ユーラシア人由来ではありません。縄文人もまた東アジア人の共通祖先から分岐した人々です。

では、東アジア人の祖先はそもそもどこから来たのか、説明していきましょう。

アフリカ大陸から人類が最初に拡散したのは、今から180万年前。これが1回めの「出アフリカ」です。

そのグループは、少なくとも170万年前までには、東アジアに到達していたことが判明しています。中国の雲南省の遺跡から出土した歯を分析したところ、およそ170万年前のホモ・エレクトス（原人）のものであることがわかりました。

180万年前にアフリカを出たホモ・エレクトスは、その後、世界各地でネアンデルタール人、デニソワ人、そのほかの旧人類へと進化していきます。そして、30万年前になるとその一部が、一度、アフリカに戻るのです。これは最近の調査でわかったことです。

アフリカに戻ったグループは、そこでホモ・サピエンス・サピエンス、[*5]つまり現生人類に進化します。そしてこの現生人類が再び、6万年前にアフリカの外に拡散するのです。これが2回めの「出アフリカ」です。この集団は、アフリカから、中東、ヨーロッパ、アジアへと拡散していきました。

アフリカを出た現生人類が東アジアに到達したのは5万年前です。北京の近郊の周口店の田園洞内からは、4万年前の骨が見つかっていますが、その骨を分析した結果「田園洞人」は現在の東アジア人とほぼ同じ容姿をしていたと推定されています。

この2回目の「出アフリカ」で、現生人類が拡散すると、先住民であった旧人類はほぼ絶滅してしまいました。東アジアだけではなく、ヨーロッパ、アフリカ、オーストラリアの人々は皆、6万年前にアフリカを出た現生人類の子孫なのです。

――人類の祖先については、多地域進化説と単一起源説があります。ライヒ教授が単一起源説を支持する根拠は何でしょうか。

多地域進化説とは、180万年前にアフリカからユーラシア大陸に拡散したホモ・エレクトスが、各地で進化して、ホモ・サピエンス・サピエンスになった、という説です。特に中国にはこの説を唱える人類学者が多くいて、「現生人類は東アジアで誕生した」

と主張しています。しかし古代DNAを解析してみると、現在の東アジア人、西ユーラシア人、南アジア人、オーストラリア人が、皆、同じ共通祖先を持っていることは明らかです。

日本人も旧人の遺伝子を持っている

――現在の東アジア人のDNAはすべてホモ・サピエンス・サピエンス由来ですか。

実はDNAのすべてがホモ・サピエンス・サピエンス由来ではありません。アフリカを出て東へと拡散していく過程で、旧人類と交雑しているのです。そのため東アジア人のDNAにもその名残が見られます。

ホモ・サピエンス・サピエンスはアフリカを出てから、現在のヨルダンやイスラエルのあたりで、ネアンデルタール人に出会い、交雑します。この交雑は5万4000年前から4万9000年前まで続きました。このときの影響が現在の東アジア人のDNAにも見られ、1・5～2%のDNAをネアンデルタール人から受け継いでいると推定されています。

ネアンデルタール人と交雑した集団は、東に進む過程で、デニソワ人にも出会います。デニソワ人とは、ロシアのアルタイ地方のデニソワ洞窟で見つかった旧人類で、47万〜38万年前から4万年前ぐらいまで生存していたと見られています。

さらにオーストラリア、ニューギニア、南アジアへと拡散した集団は、アウストラロ・デニソワ人に出会い、交雑しました。アウストラロ・デニソワ人は、デニソワ人の一種で、40万〜28万年前にデニソワ人から分離したと考えられています。最新の論文によれば、北東アジアに向かった集団の中には、アウストラロ・デニソワ人に出会ったのちに、シベリアのデニソワ人に遭遇した集団もいたとのことです。

東アジア人のDNAを分析してみると0・5%がデニソワ人とアウストラロ・デニソワ人由来であることがわかっています。人類の歴史の中には、旧人類であるネアンデルタール人、デニソワ人、アウストラロ・デニソワ人と現生人類が共存していた時期があったのです。

——日本人の遺伝子の中にも旧人類から受け継いだものがあるということですね。

日本人のDNAの98％はホモ・サピエンス・サピエンス、2％は旧人類由来です。私の推定では、2％のうち1・5％がネアンデルタール人由来、0・33％がアウストラロ・デニソワ人、0・17％がデニソワ人由来です。

一般的に、ネアンデルタール人由来のDNAの割合はユーラシア大陸の東へ行くほど大きくなっていくのですが、日本人のDNAは、ほかの東アジア人と比べると、ネアンデルタール人由来のDNAが比較的少なめなのが特徴です。この差異の要因はわかりませんが、興味深い結果だと思います。

弥生人のルーツは「黄河ゴースト集団」か

——アフリカから東アジアにたどりついた現生人類は、その後、どのように交雑と移動を重ね、現在の東アジア人になっていくのでしょうか。

人類の共通祖先であるホモ・サピエンス・サピエンスは、今から6万年前にアフリカを出てから東へと移動し、5万年前から1万年前の間に東アジアに到達しました。この集団は皆、狩猟採集民でした。この時期、地球は最終氷期を迎えていて、今よりもずっと気温が低く、地形も違っていました。

1万年前に最終氷期が終わると、気温と地形の変化にともない、再び大規模な人口移動が起こります。このころ、中国の黄河流域と揚子江流域に、農耕民集団が出現します。

この2つの集団は、5000年前から1000年前までの間、アジア、太平洋の各地に拡散し、先住民の狩猟採集民と交雑しながら、農耕技術と言語を広めました。黄河流域の集団はチベット高原へ移動し、揚子江流域の集団は東南アジア、台湾、さらには太平洋の島々へと移動しました。

黄河流域と揚子江流域に最初に定住した集団がどこから来て、どのように農耕を始めたのかは解明されていません。そのため私たちはこれらの集団を「黄河ゴースト集団」「揚子江ゴースト集団」と名づけました。

現在の漢民族、チベット民族、東南アジア人、日本人のDNAを解析してみると、両者から受け継いだと考えられる共通のDNAが見られます。

――大陸から日本列島に流入してきた弥生人のＤＮＡは、中国の農耕民由来だということですか。

現在の東アジア人は、大きく分けて「黄河ゴースト集団」「揚子江ゴースト集団」「アムール川流域に住んでいた集団」という３つの集団からＤＮＡを受け継いでいます。

現在の漢民族は、「黄河」と「揚子江」の両方のＤＮＡを持っています。

「アムール川流域に住んでいた集団」は、農耕民が拡散する前から極東に住んでいた狩猟採集民です。ロシア沿海地方の「悪魔の門」という名の洞窟でこの集団の７７００年前の骨が発見されていますが、主にロシア人や朝鮮半島に住む人々のＤＮＡに影響を与えていることがわかっています。この集団は現代の中国人とも、日本人とも異なる独自のＤＮＡを持っていました。

弥生人がどこから来たか、残念ながら私たちの手元に古代日本人のＤＮＡデータが十分にないので、今ここで断定はできません。しかし、私の仮説では、現代日本人は、「黄河」「揚子江ゴースト集団」からも多少ＤＮＡを受け継いでいる可能性はあるものの、ゴースト集団」からの影響を強く受けていると思います。

日本人のDNAの特徴は「同質性」

――先住民であった縄文人は、1万6000年前から2300年前の間に日本列島に定住したと言われています。そもそも縄文人はどこから来たのでしょうか。

デイヴィッド・ライヒ

縄文人がどこから来たのか。それは私たち遺伝学者にとっても、ミステリーです。私自身、この謎に満ちた集団について、もっと研究したいと思っています。

狩猟採集民であった縄文人は、極めて長い間、日本列島に定住していました。ほかにも、フィリピン、オーストラリア、ニューギニア島、インドのアンダマン諸島で、周りを海に囲まれていた地形であるがゆえに、長く存続した民族がいます。縄文人の歴史については、研究の余地が多分にあると思います。

――本州に住む日本人のDNAの20%は縄文人、80%は弥生人に由来することが日本の研究グループの調査でわかったとのことですが、それ以外の地域の人々は違った配分であるということでしょうか。

現代日本人のDNAは、大きく分けて2つの系統から影響を受けています。1つは、先住民系＝縄文人系、もう1つは大陸系＝弥生人系です。この2つが交配して、現在の日本人のDNAが形成されているのですが、その交配具合は、人によって違います。縄文人のDNAは、北海道に住むアイヌ民族や琉球諸島に住む人々により強く受け継がれています。

しかし、そのほかの地域に住む人々のDNAは極めて同質的で、縄文人：弥生人の比率はほぼ同じと推定されています。日本人研究者のグループが最近の論文で20％が先住民系の縄文人由来、80％が大陸系の弥生人由来と発表していますが、私たちの独自の研究でも同じ結果が出ています。ですからこの数字はかなり正確なものであると考えています。

縄文人と弥生人はいつ交配したのか

――弥生人が大陸から日本列島に流入し始めたのは2400年前ごろと言われていますが、ライヒ教授は縄文人と弥生人が交配し始めたのは、1600年前ごろと推定しています。この数字はどのように算出されたのですか。

デイヴィッド・ライヒ　算出方法は、現代日本人のゲノムにおける縄文人対弥生人比率＝20：80から逆算していったのです。どこまでさかのぼると縄文人：弥生人＝100：0になるのかがわかれば、交配が始まった時期が推測できます。

たとえば、縄文人の母親と弥生人の父親から生まれた女性のDNAを見てみましょう。そのDNAには、100％縄文人由来のDNAと100％弥生人由来のDNAが含まれています。この女性が、弥生人と結婚し、さらにその子孫も弥生人と交配していったとすると、世代を経るごとに、縄文人由来のDNA片はどんどん小さくなっていきます。現代日本人のゲノムに縄文人由来のDNAがどれだけ含まれているかがわかれば、逆算して、どれぐらい多くの世代を経て今の長さになったかがわかります。その結果、縄文人のＤＮＡ率が１００％になるのは、今から50〜60世代前＝１６００年前ごろであることが判明しました。

農耕民の流入は一度に起きたわけではありません。日本の場合は、非常に長い時間をかけて流入しています。一気に狩猟採集民が農耕民に入れ替わったわけではないのです。弥生人は２４００年前から１７００年前までの間に日本列島に流入してきたと推定されますが、縄文人との交配が本格的に始まったのは、後半ごろ。古墳時代に入ってからです。

――なぜこれほど長い時間がかかったのですか。

農耕民の流入から、先住民との交雑までタイムラグがあるのは、ほかの地域でもよく見られる現象です。狩猟採集民が先住していた土地に農耕民が流入すると、まず数百〜数千年、別々に居住し、そのあと交配を始めるのです。農耕民は、穀物を育てるのに適した肥沃な土地の近くに住み、狩猟採集民は魚がとれる小川の近くや、木の実がとれる山岳地域に居住します。生活圏も文化も違う2つの集団の交雑には、時間がかかるのです。

ヨーロッパではハンガリー、ドイツ、スペインで、アジアではバヌアツや東南アジアの国々で、同じようなタイムラグがあったことがDNAの解析から明らかになっています。ハンガリーに農耕民集団が到達したのは今から8000年前ですが、先住民と完全に交雑するまで1000~2000年の時間を要しています。

——縄文人と弥生人は交配していなかった期間も、コミュニケーションをとっていたのでしょうか。

言語は違っていたと思いますが、交流はあったと思います。しかし、現代の日本語がどのように形成されたかについても謎なのです。弥生人の祖先が「黄河ゴースト集団」であれば、彼らはどんな言葉を話していたのか。依然としてミステリーです。

——著書では、日本人集団のDNAの特徴として、同質性を長く保っている点を挙げていいます。同じような民族はほかにもいますか。

少数民族の中にはもっと長く同質性を保っている集団もいます。たとえば、オーストラリアの一部の地域に住むアボリジニは5万年前から、アフリカのエチオピアのアリ族は4000年前から、同じDNA配列を維持しています。アルゼンチンの先住民族には、同国のアロヨ・セコ2遺跡で見つかった8000年前ごろの先住民から受け継いだと見られるゲノム配列があります。

こうした地域にはいずれも、周りの民族からの影響を受けにくい、文化的な障壁が高い、といった特徴があり、それゆえに交配が進まなかったと考えられます。

そうはいうものの、古代DNAの解析からわかるのは、人類の歴史は、移動と交雑の歴史であるということです。長らく一つの民族はずっと同じゲノム配列を保っていて、同じ場所に居住していたと考えられてきましたが、最新のデータがそれは間違いであったことを示しています。

確かに、人類の長い歴史を振り返ってみれば、交配がさかんに行われた時期と、そうでない時期があることがわかります。しかしながら、人類は数千年の単位で移動と交雑の繰り返してきました。これをゲノムデータから読み解いていくことこそ、種としての人類の歴史を理解していくことにつながると思います。

世界の遺伝学者が注目する縄文人のルーツ

――今後、ハーバード大学でどのような研究をしていきたいですか。

世界中の研究者と協力して、人類がどのように拡散し、交雑してきたかをさらに解き明かしていきたいと思います。何千、何万というデータを収集し、古代DNAを解析していけば、人類史の空白をもっと埋めていくことができるでしょう。この移動の過程をどんどん世界地図に書き込んでいきたいと思います。

――特定の民族と遺伝的疾患の関連性についてもさらに研究していく予定ですか。

それも私にとっては非常に重要な研究分野です。多くの学者がすでに研究していますが、十分ではないと思います。

この研究をしていく上で、アメリカにいることは利点だと考えています。たとえば、ハワイには、日系、ポリネシア系、ヨーロッパ系、アフリカ系の人たちが住んでいて、同じ環境条件を共有し、似たライフスタイルを持っています。そのため同じ条件下で、遺伝子と病気の関連性を研究することができるのです。「日本人はこのような病気にかかりやすい」というようなことを研究するには、日本に住む日本人だけを研究してもわからないのです。

――今、遺伝子関連ビジネスが急成長していて、「遺伝子情報はお金になる」と経済界からも注目されています。この傾向をどう思いますか。

遺伝子研究に資金が集まるのは、プラスの面も多々あります。病気の治療や人々がより健康的な生活を送ることにつながる研究を金銭的に支援することは、とても価値あることだと認識しています。

とはいうものの、私自身は、ヒトゲノム研究を自らの金儲けのために利用したくはありません。私には、自分の利益を追求することを目的に、人類の歴史やヒトゲノムの差異について研究してはならないという信念があります。私たち人類はどこから来て、どのようにここにたどりついたのか。この問題は、あくまでも知の探求の一環として研究されるべきです。

——日本人のルーツについては、どのようなことを研究していきたいですか。

歴史的に、日本は人類の進化や遺伝的疾患の研究に、多大な貢献をしてきました。この分野においてはずっとリーダー的な存在だったのです。できれば日本の専門家と協力して、日本人の移動と交雑の歴史についてさらに研究していきたいですね。

特に興味を持っているのは、弥生人がどのように日本列島に流入してきたかです。これを研究していく上では、イギリスの事例が参考になると思います。日英両国とも島国で、外界から海で遮断されており、独自の文化を築いてきた長い歴史があります。そのため、狩猟採集民がいたところに農耕民が移住してきた過程にも類似点が多いと考えられます。

私たちがイギリス人の古代ＤＮＡのデータを解析した結果、驚くべき事実が明らかになっています。イギリスには、大きな農耕民の流入が2回あり、しかもそのたびに既存の集団に一気に取って代わっていたのです。

ヨーロッパ大陸からイギリス諸島に最初の人類が流入したのは今から1万4000年前。最終氷期の終わりごろです。彼らは狩猟採集民でした。それまでイギリスに人類は居住していません。

最初の大規模な農耕民の流入があったのは、6000年前です。この前後のDNAデータを解析すると、狩猟採集民が農耕民に完全に置き換わったことがわかりました。つまり少しずつ交雑したのではなく、一気に入れ替わったのです。

2回目の流入は、その1500年後の4500年前です。ロシア方面から別の農耕民が移動してきて、既存の農耕民の90%を置き換えてしまいました。この2回目に流入してきた人々が、現在のイギリス人の祖先です。

私たちにはイギリス人の歴史を分析したときに得た知識がたくさんありますから、同じ手法を日本人のDNAの分析にも使えると思います。日本には優れた遺伝学者、考古学者がたくさんいて、保存状態の良好な骨も多く残っています。日本の研究者と協力して、縄文人、弥生人の骨のＤＮＡを分析できれば、弥生人がどのように流入したのかを詳しく解明することができるでしょう。

さらに、縄文人がどこから来たのか。これは私たち遺伝学者にとって大きなミステリーです。この集団の謎を解き明かしていくことにも貢献できればと思っています。

第４講義 分子細胞生物学

日本人はなぜ長寿なのか

平均寿命の明暗分ける日米の食生活

ハーバード大学教授

ロバート・A・ルー

Robert A. Lue

専門は分子細胞生物学。同大学デレック・ボック教育・学習センター長。1988年より学部生向けの授業を担当し、「生命科学の基礎」は450名の学生が受講する人気講座。日本人とアメリカ人の加齢についても比較研究。

分子細胞生物学部教授とデレック・ボック教育・学習センター長。2つの肩書を持つロバート・ルー教授はハーバードで最も革新的な授業を行う教員の一人として有名だ。

ルー教授が1980年代から同大学で一貫して取り組んできたのが、あらゆる年代に生命科学をわかりやすく教えること。最新のコンピューター技術を駆使して制作したビジュアル教材は、ニューヨーク・タイムズ紙など主要メディアからも注目されている。その授業はどれも人気を集め、特に学部生向けの講座「生命科学の基礎」は、現在、全理系科目の中でトップクラスの受講者数を誇る。450名もの学生が履修する科目はハーバードでもそうそうないのだという。

ルー教授が細胞生物学の授業で教えているのは、生育環境や社会的環境が人間の健康や加齢に与える影響だ。「日本人とアメリカ人の寿命の長さがなぜこれほど違うのか」をテーマに議論する回もあるという。

ルー教授は日本人の特性として、「過去からの一貫性」を挙げる。それが世界一の長寿につながっているのだとすると、私たちのDNAには、数千年もの間、小さな島国で生き抜いてきた記録が刻まれているのかもしれない。

（2018年10月15日　インタビュー）

日本人の細胞と効率性

——2017年の日本人の平均寿命は女性が87・26歳、男性が81・09歳で、いずれも過去最高を更新しています。なぜ日本人はこれほど長寿なのでしょうか。

人間の寿命は先天的要素、後天的要素の2つの組み合わせで決まります。先天的要素とは生まれ持った細胞、遺伝子。後天的要素とは、食事、ライフスタイル、生活環境等です。私の推測では前者が約25％、後者が約75％の影響を与えています。[*1]

——ルー教授は細胞代謝とタンパク質代謝回転を専門に研究されていますが、日本人の細胞には長寿につながるような遺伝的な特徴があるのでしょうか。

日本人の長寿については、多くの学者が興味を持っており、まさに先天的要素についても研究が進んでいます。ただしいまだ発展途上の分野で、確固とした調査結果があるわけではありませんので、「日本人の細胞にこういう特徴がある」とここで断定することはできません。しかしながら、生物学的見地から、一般的に考えられうる仮説をお伝えしましょう。

まず1つめの可能性は、日本人の細胞は、より効率的に代謝しているのではないか、ということ。人間の細胞内にはさまざまな代謝システムが備わっており、これが正常に機能しないと、老化関連疾患を引き起こします。

もう1つの可能性は、タンパク質代謝回転によって生じる異常タンパク質が蓄積しにくいのではないかということ。体内のタンパク質は分解と合成を繰り返し、常に入れかわっています。この一連の過程で、異常タンパク質を除去・分解し、そこで生じたアミノ酸を体内で再利用しますが、タンパク質代謝回転が遅くなっていくと、異常タンパク質が蓄積し、老化や病気の要因となるのです。

日本人に限らず、長寿の人は、細胞代謝やタンパク質代謝回転が正常に行われている健康な細胞をたくさん持っている可能性が高いのです。ただし、細胞の健康状態には先天的な要素だけではなく、ストレスなど後天的な要素も多分に影響してきます。

――なぜタンパク質が、細胞にとって特に重要なのでしょうか。

人間の細胞は、主にタンパク質、脂質、糖で構成されています。そのほとんどすべての動きを司っているのはタンパク質です。

たとえば、ミトコンドリアはＡＴＰと呼ばれるエネルギーを創生し、細胞代謝をコントロールするのに中心的な役割を果たしています。この動きを可能にしているのもタンパク質です。つまり、タンパク質が正常に機能しないと、細胞内の活動全体の効率が悪くなってしまうのです。

体の中には、多種多様な細胞が存在しています。中でも重要なのは免疫細胞です。この細胞が病気の要因となるウイルス、バクテリアなどと戦い、退治してくれるのです。もし免疫細胞のタンパク質が正常に機能しなくなれば、免疫細胞は病原菌と戦うことができなくなってしまうばかりか、混乱してほかの正常な細胞を攻撃し始めてしまうリスクが生じます。これが自己免疫疾患の原因です。

関節リウマチを患っていると、関節が腫れあがってきますが、これも免疫細胞が関節を攻撃しているからなのです。乾癬にかかっていれば、肌が赤くなります。これも免疫細胞が異常な働きをして、過剰に肌の細胞を攻撃しているからです。車のタイヤを長く換えなければ、タイヤは摩耗し、やがてパンクして、使えなくなります、これと同じように、タンパク質も入れ替えが必要なのです。

日本人が酒に弱いのは適応進化

――日本人の遺伝子の特徴として、「お酒に弱い」ことがあげられます。日本人研究グループが2018年に発表した論文[*2]では、日本人のゲノム配列は、2000〜3000年間をかけてアルコールに弱くなるように適応進化してきたと報告されています。その要因は何だと思いますか。

なぜ日本人にはほかの国の人々とは違ったゲノム配列があるのか。これはおそらく日本が島国であることと深い関係があると思います。あるDNA配列が、数千年をかけて強化されていくのは、よく見られる現象です。

特定の民族の食生活と病気の関連性を調査した論文はいくつもありますが、たとえば

世界の集団における ALDH2変異型の分布

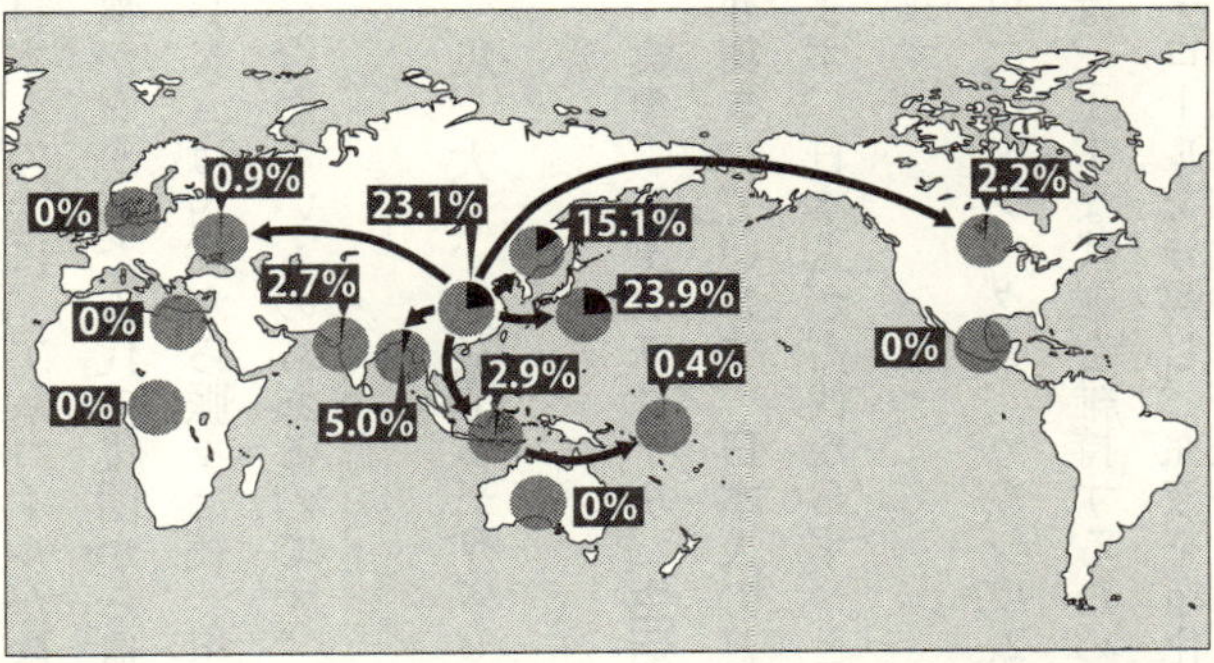

出典：篠田謙一『日本人になった祖先たち――DNAから解明するその多元的構造』NHK出版、NHKブックス、2007年、36ページ。オリジナルデータ*4をもとに著者修正。

注：ALDH2変異型とは、突然変異でアルコール分解能力が低下した遺伝子、いわゆる下戸遺伝子。中国南部よりも日本のほうが高い数値を示している。

「南太平洋の島々に住む人々は糖尿病にかかりやすい」*3という調査結果が出ています。

その原因の1つは、南太平洋に住む人々には大量の精製糖を摂取する習慣がなかったことです。それまでずっとフルーツやさとうきびから適量の糖分を摂取していたのに、文明化とともに、急に砂糖が入った食べ物をたくさん食べるようになった。その結果、体が糖に対応できずに糖尿病を引き起こしてしまうのです。同じような現象がほかの地域の文明化した先住民族にも見られます。

日本人の中に、アルコールが飲めない人やアルコールに弱い人が多いのは、飲酒する習慣がなかった古代の集団から遺伝子の一部を受け継いでいるからでしょう。DNAは古代から脈々と続く祖先からの記録ですが、その中には、現代の食文化や環境に合わないものもあるのです。

魚、大豆、海藻が長寿をもたらす

――食事、ライフスタイル、生活環境といった後天的要素の中で、特に日本人の食に注目が集まっています。日本人のどのような食生活が長寿につながっているのでしょうか。

まず、日本人が古代からずっと魚を食べてきたことが、長寿の一因になっていると思います。

魚にはタンパク質、カルシウムだけではなく、オメガ3脂肪酸が含まれています。これは、正常な代謝を維持するためには欠かせない多価不飽和脂肪酸の一つで、悪玉コレステロールを分解し、血液を浄化する作用があります。

日本人は、特にオメガ３脂肪酸が豊富ないわし、さば、さけ、まぐろを食べてきました し、より多くの栄養素を含む生魚を食べる習慣もあります。このような魚中心の食生活が、さまざまな病気の予防につながってきたと思います。２０１２年に発表された調査結果では、[*5]オメガ３脂肪酸を豊富に含む魚を食べることは心臓に良いことが明らかになっています。アメリカ心臓協会は、魚からＥＰＡとＤＨＡなど、オメガ３脂肪酸を摂取することを推奨していますし、世界保健機関（ＷＨＯ）も狭心症、心筋梗塞の予防のために定期的に魚を食べることを勧めています。

――魚のほかに、日本人の長寿に貢献してきた食材はありますか。

まずは大豆です。健康な細胞を維持するのに不可欠な栄養素がタンパク質ですが、大豆には良質なタンパク質が多く含まれています。大豆はそのまま食べると固いため、日本国外では食用としてあまり消費されていません。一方、日本人は味噌、醬油、豆腐、納豆など、さまざまな形に加工して摂取してきました。世界中で日本人ほど大豆を食べる国民はいません。

海藻を食べる習慣も長寿にプラスに働いたと思います。日本人は1000年以上にわたって昆布やわかめを食してきました。海藻は低カロリーである上に、タンパク質、アミノ酸、ヨウ素などのミネラルを豊富に含むので、健康にとてもよい食材です。また最近では、海藻に含まれるフコイダンが抗酸化、抗がん、抗高血糖、抗炎症に効果があるという調査結果[*6]も出ています。

個々の食材の栄養素もさることながら、私が特に注目しているのが、日本食の栄養バランスです。特に炭水化物とタンパク質のバランスが絶妙なのです。欧米人はタンパク質よりもパンなどの炭水化物を大量に摂取しますが、日本人は米を主食にしながらも、おかずや汁物でしっかりタンパク質をとります。このバランスのとれた日本食の構成が、長寿に大きく貢献していると思います。

日本人はなぜ食にこだわるのか

――なぜ日本人はこれほど食や食育にこだわってきたのでしょうか。

日本人の食生活は、日本人の祖先が国内で栽培・採取できる食材をうまく組み合わせてきたことの結果でしょう。食生活に限らず、日本人の生活習慣全般に強く見られるのは、「過去からの一貫性」です。日本人は、伝統を受け継ぎ、それを守り、さらに次の世代に引き継ぐことを重視します。食にこだわるのも、健康的な生活を送ることにこだわるのも、先祖代々、そうしてきたからです。

日本は世界の中でも食育に熱心な国の一つですが、これも日本人の食生活の伝統を伝えていくのに大きな役割を果たしてきたと思います。日本の学校には給食というシステムがありますが、メニューを見ると、主食、野菜、タンパク質のバランスを重視していることに気づきます。日本人は子どものころから、体に良い食事を意識してとるよう教育されているのです。

アメリカ人の平均寿命は短くなっている

――アメリカ人の平均寿命は78・69歳（2016年）で、日本人よりも約5年も短くなっています。しかもほかの先進国の国民が寿命を延ばす中、アメリカ人の平均寿命は短縮傾向です。この要因をどのように分析していますか。

まず食生活が大きな要因だと思います。アメリカ人は、高カロリーで糖質の多い食物を好み、ファストフードもよく食べます。近年、この傾向がますます強くなってきています。

次に、国民の食育が不十分なことです。アメリカの学校では、食について学ぶ機会は少ないですし、多くのアメリカ人はどのような食物を食べたら健康的な生活が送れるかを根本的に理解していません。「アメリカ人はオーガニック食品を好んで食べて、白い食パンや遺伝子組み換え食品を意識的に食べない」というイメージがあるかもしれませんが、こういう食生活は富裕層など一部の人々が実践しているだけです。大多数は、食についての正しい知識を得る機会がなく、体に悪い食物を摂取し続けています。もちろん、炭酸飲料やファストフードが体に悪いことは何となく知っていますが、それが病気の要因になるとまでは考えていませんから、食生活を変えようとは思わないのです。

アメリカ人の不健康な食生活と不十分な食育は、肥満率をますます高める結果を招いています。肥満は心臓病や糖尿病を招き、平均寿命を縮める要因の一つとなっています。

さらには、医療制度も問題です。日本には国民皆保険制度がありますが、アメリカでは２７００万人が無保険です。しかも、医療費が極端に高いですから、症状がかなりひどくなるまで、病院へ行きません。その結果、病院に行ったら手遅れだった、というケースが多々あるのです。

――このままではアメリカ人の平均寿命は、ますます短くなってしまうのではないでしょうか。

これは非常に深刻な状況です。医療も情報ネットワークも進んだこの時代に、世界一の経済大国の平均寿命が縮んでいるというのは、おかしなことです。人間が長く生きるために、投薬や治療はもちろん重要ですが、食育も同じぐらい大切です。アメリカが長寿大国日本から学ぶ点はたくさんあると思います。

――日本人の長寿について、今後、どのようなことを研究していきたいですか。

日本人の長寿要因については、大学でも教えていきますし、引き続き研究していきたいと思います。それに加えて、日本人がこれからも長寿を保っていけるのか、それを阻害する要因は何か、という点にも注目しています。特に興味があるのはストレスです。日本には、今、ストレスが原因で病気になる人が急増していると聞きます。日本の生活スタイルの変化がどのようなストレスを引き起こし、それが健康、長寿、あるいはDNAにどのような影響をあたえていくのか、さらに研究していきたいと思います。

第５講義 **比較政治学**

日本人は本当に世襲が好きなのか

世襲政治家が異常に多い国・日本

ハーバード大学准教授

ダニエル・M・スミス

Daniel M. Smith

専門は比較政治学。特に日本の選挙、選挙制度、候補者選択、政党などに着目した研究を行い、ハーバード大学にて「現代日本の政府と政治」について教える。主著に『世襲と民主主義——日本における世襲政治家の優位性』*1。

日本にはなぜこれほど世襲議員が多いのか。こう疑問に思うのは、日本人だけではないらしい。ダニエル・スミス准教授もまた各国の政治を研究する中でこの点に着目し、膨大な調査とインタビューを敢行することにした。その結果をまとめたのが『世襲と民主主義——日本における世襲政治家の優位性』だ。

歴史の長い日本には、世襲率が高い職業がいくつもある。伝統芸能の役者、伝統工芸の職人、企業経営者、政治家、宗教家などが代表的なものだろう。また医師、官僚など社会的にエリートと見なされている職業にも「二世」「三世」はたくさんいる。歌舞伎役者の子どもが歌舞伎役者になっても、僧侶の子どもが僧侶になっても当たり前だと思うのに、政治家の子どもが政治家になると「日本の民主主義は大丈夫か」と不安になってしまう。

日本でも「世襲」をテーマにした本は出版されているが、比較政治学の観点から世襲議員に特化して分析したものは珍しい。本書が欧米の政治学者から高く評価されているのは、24の国と地域の世襲議員率を比較することによって、日本の特殊性をあぶり出しているからである。白眉は、1994年の選挙制度改革の前と後の世襲議員率を詳しく調査している点だろう。

日本では戦後、自由民主党による一党優位が続いているし、依然として世襲議員は多いが、日本の民主主義は正常に機能しているのだろうか。スミス准教授にあらためて分析していただいた。

（2018年10月17日　インタビュー）

日本政治史の分水嶺は1990年代

――「現代日本の政府と政治」では戦後の日本政治史を教えています。比較政治学の観点から見て、日本の政治にはどのような特徴がありますか。

日本の政治の大きな特徴は、長期的に安定した政権が続く中で、時折歴史的な変化が訪れるという点です。この「継続と変化」という観点は日本の政治を学ぶ上でとても重要で、私の授業のテーマでもあります。特に私が注目しているのは1990年代です。戦後の日本の政治において、1990年代が重要な分水嶺となったと考えています。

1990年代は、「政党政治と選挙制度」「経済政策」「外交政策」の3つの分野において、大きな変化を迫られた時代です。「政党政治と選挙制度」に最大の変化をもたらしたのは1994年の選挙制度改革です。「経済政策」には、1990年前半のバブル崩壊が重要な影響をもたらしました。また1989年のベルリンの壁崩壊、冷戦終結以降、安全保障の枠組みについての議論が高まり、1996年に日米安保共同宣言が出されました。これはその後の日本の外交政策のガイドラインとなりました。

——1990年代に大きな変化を迎えても、基本的には自由民主党による長期安定政権であることに変わりはありません。この日本の長期安定政治は、いつから始まったのでしょうか。

多くの政治学者は1955年に端を発すると見ています。1952年、サンフランシスコ平和条約の発効に伴い、GHQ（連合国軍総司令部）制定の多くの法令が失効すると、吉田内閣は、戦後民主主義を否定し、戦前への復帰をめざすような政策を実施しました。この動きは国民から「逆コース」と非難されました。その後、アメリカ依存の是非をめぐって保守・革新が対立し、1955年に日本社会党、自由民主党が誕生し、「55年体制」が始まりました。

ところが、実際のところ「55年体制」は1955年から盤石であったわけではありませんでした。私は「55年体制」が実質的に安定したのは、外交よりも経済を前面に押し出し、「所得倍増計画」を推進した池田勇人政権だと見ています。1960年に民社党、

１９６４年に公明党が結成され、多党制の様相も強まってきましたし、日米安保条約の改定をめぐる安保闘争も激化していました。こうした流れの中で、自由民主党が安定した政権を取ることができたのは、経済成長を追い風にした池田政権だったと思います。

自由民主党は世界的に見てもユニークな存在

――戦後、日本では、自由民主党による一党優位体制が続いています。１９５５年以降で、自由民主党が野党になったのは１９９３～１９９４年、２００９～２０１２年の２回のみです。日本以外の国でも同じような現象は見られますか。

世界の民主主義国家の中で、日本のように同じ党が長期間にわたって、一国の政権を担ってきた例はありません。

アメリカの民主党は、長期間にわたって南部の州で連邦議会の議席を獲得してきましたが、これは地域的な現象であり、民主党がずっとアメリカ全体の政権を担ってきたわけではありません。イタリアには、１９４５年から約50年にわたって政権を担っていたキリスト教民主党という政党がありましたが、汚職と腐敗が原因で支持率が低下し、1994年に解散しています。スウェーデンの社会民主労働党、イスラエルの労働党、インドのインド国民会議派も長期政権を担っていましたが、日本の自由民主党ほど長い間、与党第一党として政治を支配してきた党はありません。

もちろん、1949年より政権を担う中国共産党、1929年から71年間にわたって与党の座にあったメキシコの制度的革命党のような事例もありますが、両党とも民主主義国家の基本である自由で公平な選挙制度のもとで政権政党として選ばれたわけではありません。民主主義国家である日本で、自由民主党が長期政権を維持しているのは極めて特異なケースだと思います。

——2回の政権交代はあったとはいえ、合計すると約60年もの間、同じ党がずっと政権を担っています。この国の民主主義は正常に機能しているのでしょうか。

日本の選挙制度は自由で公平なもので、民主主義国としての選挙制度は正常に機能しています。私が注目しているのは、自由民主党は国民にそれほど人気があるわけではないのに、ずっと選挙で勝ち続けてきたことです。

直近の2回の選挙を振り返ってみましょう。２０１７年に実施された第48回衆議院議員総選挙における自由民主党の得票率（比例代表）は33%です。これはそれほど大きなシェアではありません。立憲民主党が20%、希望の党が17%を獲得しましたから、合わせると自由民主党よりも高い得票率となります。[*2] ２０１４年に実施された第47回衆議院議員総選挙でも同じような結果が出ています。自由民主党の得票率は33%。一方、野党の民主党は18%、維新の党は16%を獲得しています。この2党の得票率を合計すると自由民主党よりも高いのです。[*3]

世論調査を見てみても、有権者はそれほど自由民主党の政策を支持していないことがわかります。ほかの大学の学者と共同で、２０１４年と２０１７年の総選挙で実地調査をしたことがありますが、驚くことに、自由民主党のマニフェストは最も有権者に人気がなかったのです。

この調査から何がわかったかというと、自由民主党を支持している有権者の多くは、政策以外の理由で票を入れているということです。それは、「利益団体に属しているから」「先祖代々、支持してきたから」といった理由かもしれませんし、「ほかの党のことをよく知らないから」「野党は信頼できない」といった消極的な理由かもしれません。世界中の民主主義国家を見渡してみても、「政策が最も支持されていない政党が選挙で勝ち続けていて、長期政権を維持している」という事例はほかにありません。そういう意味でも、自由民主党はユニークな存在なのです。

自由民主党の長期政権を可能にした4つの要因

――政策が支持されていないのに、なぜ自由民主党は選挙で勝つことができるのですか。その長期政権を可能にしている要因は何でしょうか。

その要因は4つあると思います。

第一に、選挙制度です。1994年の公職選挙法の改正以来、日本の衆議院選挙には「小選挙区比例代表並立制」が導入されています。この制度では、国民は実質的に2票持っていて、1票を小選挙区の候補者に、1票を支持政党に入れます。

小選挙区選挙では最多数を得た候補者、合計２８９人が当選し、比例代表選挙では、得票数に応じて、各政党に当選者数が割り振られ、合計１７６人の候補者が当選します。小選挙区選挙では１人しか当選できませんから、大政党に有利です。仮に比例代表選挙で33％しか票を獲得できなくても、当選者数が多い小選挙区選挙に強ければ、過半数を獲得することができます。

第二に、公明党の存在です。公明党は近年の小選挙区選挙において8～10の選挙区でしか、立候補者を出していません。[*4] 有権者全体の12～13％を占めるといわれる公明党支持者は、公明党の候補者がいない選挙区では、自由民主党に票を入れることになります。つまり、自公連立であることが、自由民主党政権をますます強くしているのです。

第三に、日本共産党の存在です。日本共産党は公明党とは対照的に、多くの小選挙区に立候補者を出します。勝てないとわかっている選挙区にも、候補者を出すのです。これが野党側に票割れをもたらしています。

２０１７年の総選挙において、日本共産党の得票率（比例代表）は８％でした。そのほかの自由民主党を支持しない有権者の多くは立憲民主党か、希望の党に投票しました。

つまり、日本共産党をはじめ、野党がそれぞれ単独の候補者を出せば出すほど、反自民の票は分散し、自公に有利になるのです。

第四に、投票率の低さです。2017年は54%、2014年は53%といずれも低調で、日本の選挙は、国民の半分の民意しか反映していません。私たちの調査によれば、自由民主党の政策に賛同していない人は、選挙に行かない傾向が強く、自由民主党または公明党の支持者は、熱心に投票に行く傾向があることがわかっています。

これが何を意味するかといえば、投票率が上がれば、野党に政権交代のチャンスが訪れるということです。2009年の第45回衆議院議員総選挙では、民主党が大勝しましたが、このときの投票率は69%でした。ところが2012年の選挙では、投票率が59%と低調となり、再び自由民主党が返り咲いています。

世襲議員が異常に多い国・日本

――2018年に『世襲と民主主義――日本における世襲政治家の優位性』を出版され

ダニエル・M・スミス

ました。この本を書こうと思ったきっかけは何だったのでしょうか。

各国の政治を比較研究する中で、日本には世襲議員が異常に多いことに気づきました。世襲は日本だけに見られる現象ではありませんが、日本は、その数があまりにも多すぎるのです。

１９９５〜２０１６年を対象に、各国の下院における世襲議員率を調査したところ、日本の全衆議院議員の28％が世襲議員でした。ドイツは２％、イギリスは６％、アメリカは７％で、ほかの先進国も概ね10％未満でした[*5]から、日本の世襲率の高さは突出しています。特に自由民主党はその傾向が顕著で、全国会議員の39％が世襲議員でした。

なぜ日本には世襲議員が多いのか、何か特別な理由があるのではないかと強い関心を抱き、アメリカ、欧州諸国、イスラエル、ニュージーランド等と比較し、日本の特殊性の要因を分析しようと思ったのです。

――ほかの国に比べてなぜ日本には世襲議員が多いのでしょうか。

党や利益団体からの需要があることと、国会議員を志望する人の数が少ないことが理

世界の世襲議員率

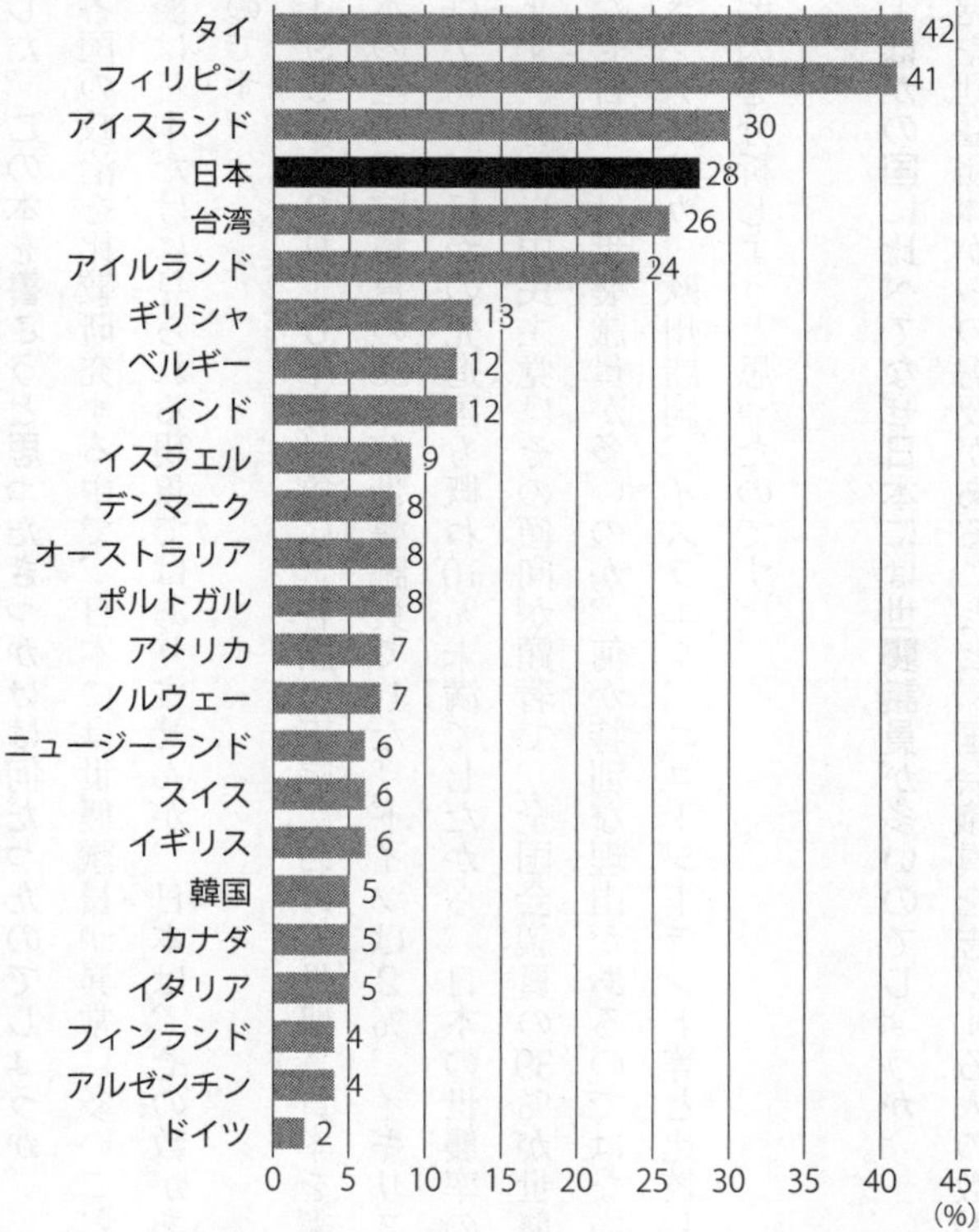

出典：Daniel M. Smith, *Dynasties and Democracy: The Inherited Incumbency Advantage in Japan*, (Stanford, CA: Stanford University Press, 2018), p5. オリジナルデータをもとに著者数字加筆。

注：1995〜2016年の平均。下院議員（衆議院議員）を対象。

由としてあげられます。

日本の選挙において、後援会組織は票を集める上でとても重要な存在です。何もないところから組織をつくろうとすると、膨大な資金と時間がかかります。党にとっても、利益団体にとっても、同じ一族が地盤を継いで、同じ後援会を維持してくれたほうが効率的かつ経済的なのです。特に中選挙区制の時代には、世襲議員に対する需要が高く、現職が引退する年代になると、子や親族の中から、地盤を継ぐ候補を探すことが伝統になっていました。

それに加え、日本には政治家の親族をのぞくと国会議員になりたい人の数が絶対的に少ないという問題もあります。その要因は、国会議員に挑戦する際のリスクがあまりにも大きすぎることです。

日本で選挙に立候補しようと思うと、多くの場合、勤めている会社や組織を辞めなくてはなりませんし、莫大な費用を負担する必要も出てきます。選挙に負ければ、職もお金も失う恐れがあるのです。

特に女性にとってはハードルが高すぎます。選挙活動、利益団体とのミーティング、地元のイベント、勉強会など、長時間労働を強いられるため、子育てと政治活動を両立できるのは、限られた女性だけです。

世襲が日本にもたらす功罪

——世襲議員が多いことは、日本にとって悪いことなのでしょうか。これほど多いということは、何か国民にとって利点もあるのではないですか。

メディアで「世襲議員」という言葉はネガティブな意味で使われることが多いですが、確かに利点もあります。

1つめは、現職議員が有能であれば、その子どもも政治家としての資質や能力を継いでいる可能性が高いことです。するとその選挙区は、かなりの長期間、質の高い議員を確保することができます。

2つめは、現職議員の質の向上につながることです。子どもが地盤を継ぐことを前提にすれば、長期的な視点で地域に貢献する政策を立案できます。また、スムーズに継がせるために、自分の評判をできるだけ高めようと努力することも、地域住民にとってはプラスに働きます。

3つめは、地縁も血縁もない落下傘候補に比べると、世襲議員は地域の利益を優先して政治活動を行う傾向が強いことです。小選挙区で当選した議員ならなおさらそうです。選挙に強い世襲議員が当選回数を重ねていけば、政府内で重職に就く確率も高くなり、それに比例して選挙区にもたらす利益も大きくなっていきます。

4つめは、女性が積極的に政治に参画する機会を与えることです。先ほど述べたとおり、日本の女性が議員に立候補するには多くの障壁がありますが、世襲候補であればその障壁のいくつかを乗りこえることができるのです。

――逆にマイナス面は何ですか。

政治家一族以外の人々が政治に参加することが阻害されていることです。これは民主主義の観点から、大きなマイナスです。そればかりか、特定のファミリーの利益を守るために政治を行えば、汚職や腐敗につながる恐れもあります。

国会議員の質にネガティブな影響を与えることもあります。先ほど、世襲は議員の質の向上につながる可能性があると言いましたが、逆も真なりです。世襲議員は、いわゆる「地盤、看板、かばん」が簡単に手に入ります。それらを得るために競争したり、努力をしたりした経験がありませんから、「政治家」という仕事にそれほど思い入れがない議員もいるのです。政治家の子どもは概して裕福ですし、辞めても仕事に困らないので、地位に執着する必要がないからです。

他国と比べて、日本の首相の平均在職日数は極めて短いですが、難局を乗りこえられず1～2年で退陣した首相の多くが世襲議員です。

なぜ現職が選挙制度改革に賛同したのか

――1994年の選挙制度改革は、日本の戦後政治の分水嶺となったとのことですが、なぜ現職議員がこの改革に賛同したのでしょうか。

1994年の選挙制度改革は、比較政治学の見地から見ても、非常に珍しい現象です。

なぜなら、通常、現状の選挙制度で選ばれている現職議員は、自分に有利に機能した選挙システムをわざわざ改革しようなどと思わないからです。

このような状況で、なぜ、現職が選挙制度改革を支持したのか。多くの政治学者は３つの要因を指摘しています。１つめは、現職が「この改革は自分にとってプラスになると予測した」、２つめは、「実際は不利になるのだが、その仕組みをよく理解しないまま、将来、自分が当選する確率が高まると誤解した」、３つめは、「政治改革を望む有権者の声があまりにも強くなっており、これに賛同しておかないとかえって票を減らしてしまう、と恐れた」。

当時野党であった自由民主党内も、連立与党内も、現職議員がそれぞれ新しい選挙制度が自分にとって有利になるか、不利になるかを個別に判断したため、賛成派と反対派に分かれたのです。最終的には、自由民主党が小選挙区の定数を増やすことなどを条件に連立与党案を支持し、選挙改革法案は可決されました。

その結果、２００９〜２０１２年以外は自由民主党を中心とする政権が続いており、一党優位がますます強まることになったのです。

――「小選挙区比例代表並立制」の導入は、結果的に自由民主党にとって有利に働いたと思いますか。

この選挙制度下で、２００９年に民主党が政権を奪取していますから、必ずしも自由民主党にのみ有利に働く選挙制度とは言い切れません。

また「小選挙区比例代表並立制」の導入で、小政党の声が国政に反映されやすくなったことで、立憲民主党、希望の党、日本維新の会などの新しい党が議席を獲得することに成功しています。つまり選挙制度改革は、与党、野党にとって、それぞれプラスの側面があったということです。

――この選挙制度改革後、「一強多弱」の様相がますます強まってきている印象があります。その要因は何ですか。

１９９４年以降、自由民主党はますます与党としての結束をかため、野党は離合集散を繰り返しています。

自由民主党の所属議員は、与党側にいることの価値を実感しています。２００９年に政権交代があり野党に甘んじた経験がありますから、自由民主党の議員には何があっても与党側にいたいという強い気持ちがあります。そのため自由民主党内に自分とは意見が違う議員がたくさんいても、政権側にいたほうが絶対に得、野党になるよりはマシ、と計算し、「離脱して新党をつくろう」などとは思わないのです。与党としての地位を安定させるためなら、多少意見が違っている政党でも、連立して組み込んでいこうとさえしています。

反対に、野党側は、党を超えた反自民連合として一緒に戦うことが一層難しくなっています。日本共産党や、社会民主党のような伝統ある党は、他党と合併して党名がなくなることを最も嫌がります。比例代表制があるかぎり、ある程度の議席も確保できる。すると、党としての存続を優先して考えるようになるのです。野党が政権をとるには、強力な野党が存在することが必要ですが、２０１６年に民主党が解体して以来、そのような党も出てきていません。

選挙制度改革で世襲議員は減ったか

――この選挙制度改革は世襲議員にどのような影響を与えましたか。

私たちが調査した結果、この改革は世襲議員の数を減らす効果をもたらしていたことがわかりました。戦後、増加の一途をたどっていた衆議院議員における世襲議員の割合は、1994年以降、減少傾向にあります（図表参照）。特に新人立候補者の世襲率が格段に下がっていたのです。

1980年代から1990年代前半まで、自由民主党の新人立候補者の約50％が世襲でしたが、2009年以降の選挙では、10％程度にまで下がってきています。10％というのは、ほかの民主主義国家と同じレベルです。つまり選挙制度改革は、極端に高かった世襲率を通常レベルまで下げる効果をもたらしたのです。

その要因は世襲議員に対する需要が弱まったことです。「世襲」は、中選挙区制の選挙を勝つ上で非常に大きな力を持ちました。中選挙区制では同じ党の中から複数、立候

世襲議員率の推移

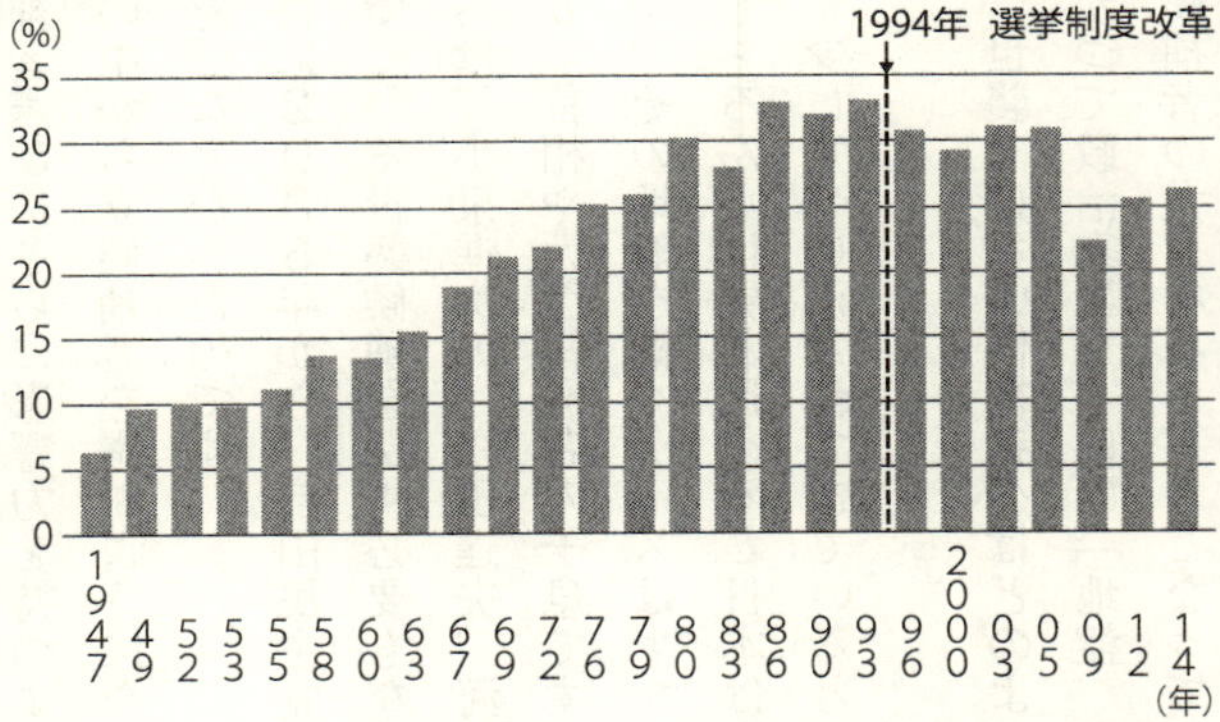

出典：Japanese House of Representatives Elections Dataset. ダニエル・M・スミス准教授より提供されたデータをもとに著者作成。

注：衆議院議員を対象。

補者を出します。たとえば自由民主党であれば、自由民主党の候補者同士が同じ選挙区で戦わなくてはならなかったため、党の力ではなく、個人の力で選挙を戦う必要がありました。その中で世襲候補であることは、知名度などさまざまな側面で有利に働きました。

選挙制度改革以降は、個人の看板よりも、党の名前がより重要になりました。小選挙区制において、党の公認候補は1人です。候補者は党の看板を背負い、党の政策を前面に出して選挙活動をすることができるため、自分の名前を熱心に売り込む必要もありません。党の執行部が候補者選びにさらに影響力を持つようになり、地元の世襲候補だけではなく、広い候補者の中から立候補者を選ぶようになりました。そのため党もそれほど世襲議員のニーズを感じなくなったのです。

特に2005年から、自由民主党は公募制度を導入していますから、無理に地盤を継いでくれる世襲候補を探す必要もなくなりました。現在、二世、三世と言われている人たちは、小泉進次郎、福田達夫、河野太郎など、長らく政治を担ってきた一族の出身であり、首相や大臣経験者の子息です。国会議員を2期、3期つとめて引退した人の子どもが、その地盤を継ぐケースは少なくなってきています。

もちろん、世界と比べると日本は世襲議員が多い国ではありますが、1994年以降は、少しずつ是正されてきているといえます。

——世襲ではない候補者へはどのような影響がありましたか。

かつて政治家になるには「地盤、看板、かばん」が必要だといわれ、それが世襲以外の候補者の大きなハードルとなってきましたが、選挙制度改革以降は、候補者が必ずしもその3つをすべて用意する必要がなくなりました。

まず地盤については、党の公認さえ得られれば、世襲、非世襲にかかわらず、平等に地盤を得ることができるようになりました。地元での知名度や人的ネットワークは重要ですが、多くの有権者は、個人ではなく、党を支持して票を入れますから、地盤はそれほど重要ではなくなりました。

看板についても、個人の名前よりも、党の名前が威力を発揮するようになりました。小選挙区制の選挙では、党のブランド、党の公認、党の公約を打ち出すことが大切になってきました。

かばんについても、党が新人候補に対して、より多くの資金を分配するようになりました。

ところで日本では、投票時に候補者の名前をフルネームで書きますね。これは世界の中でも非常に珍しい制度です。日本以外の国では、投票用紙に穴をあけるか、丸をつけるかです。今後、名前を書く制度も改革されれば、個人の看板はさらに重要でなくなるでしょう。

——国会議員の中の世襲議員の割合を都道府県別に調査した結果によれば、山口、島根が40％以上、青森、岩手、長野、岐阜、三重、岡山、香川、高知、熊本が30〜40％[*6]となっています。なぜこれらの地域では世襲議員が多いのですか。

30％を超えているのは、当選回数を重ねたベテランの世襲議員がいる地域です。注目すべきは、選挙制度改革後も、自由民主党は自由民主党の支持者が多い地域で、地元で人気の高い世襲議員をそのまま擁立し続けていることです。正直言って、自由民主党支持者が多い地域であれば、多少知名度が低い候補者でも当選する可能性は高いのです。それなのになぜあえて強い世襲議員を立てて、圧勝しようとするのか。研究に値する興味深い戦略だと思います。

——大臣の世襲議員率は相変わらず高いですが、それはなぜですか。

２０１８年10月に成立した第４次安倍改造内閣の大臣の世襲議員率は40％と依然として高い数字を示しています。その理由は、当選回数の多さで議員の序列をつける日本の

都道府県別の世襲議員率

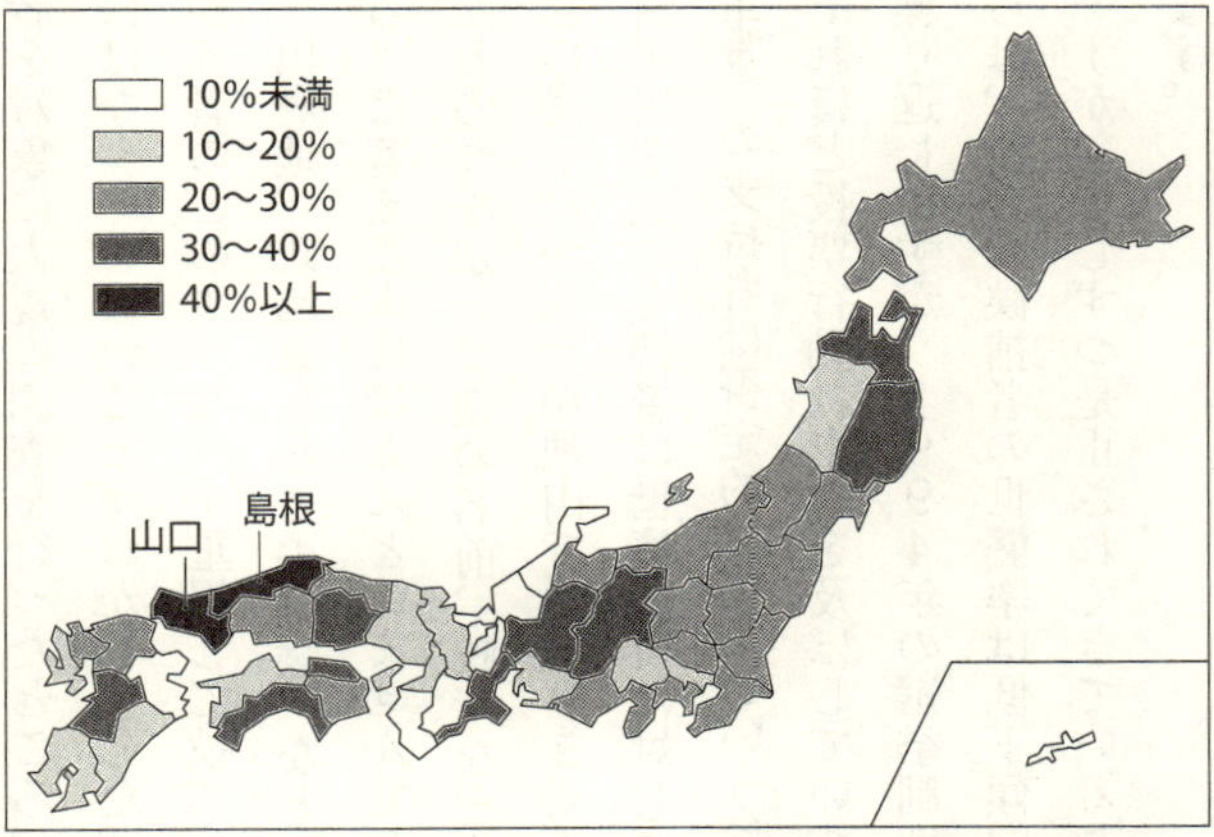

出典：Daniel M. Smith, *Dynasties and Democracy: The Inherited Incumbency Advantage in Japan*, (Stanford, CA: Stanford University Press, 2018), p60.

注：全国会議員における世襲議員率。比例代表制のみで選出された議員は除く。

政治の仕組みです。日本では当選回数が多ければ多いほど、大臣に指名される可能性が高まります。現在、新人議員の中の世襲議員率は減ってきていても、当選回数の多い議員は、当然のことながら選挙制度改革前に初当選しているため、世襲である確率が高いのです。

――日本の有権者は、世襲議員についてどう思っているのでしょうか。

２０１５年に２２００人の有

権者を対象に大規模調査を行ったところ、候補者が世襲であることは、票を入れる決め手にはなっていないことがわかりました。「候補者のどのような点を重視して投票しますか」との質問に対して、学歴、性別、年齢、出身地、政治家としての経験、などの選択肢がある中で、「世襲であることを重視する」と答えた人はほとんどいませんでした。結果的に世襲候補に投票したとしても、地元とのつながり、党の名前、政策などを総合的に判断したからであって、「地元の政治家の息子だから」が理由ではありませんでした。

自由民主党の支持者は世襲議員に対して少しだけ肯定的にとらえている、民主党（調査当時）の支持者は否定的に見るという傾向はありましたが、全般的には、世襲か否かはそれほど投票行動に影響を及ぼしていなかったのです。

繰り返しますが、1994年の選挙制度改革で小選挙区比例代表並立制が導入されてからは、新人立候補者の世襲率は低下傾向です。もちろん、世界と比べるとまだまだ多いですが、少しずつ是正されてきていることがわかったのは、大きな発見であったと思います。

日本の政治の課題と展望

――自由民主党優位の「一強多弱」はこれからも続いていくでしょうか。日本の政治の展望についてお聞かせいただけますか。

日本は、これからも多党制を維持していくと思います。自由民主党、公明党、日本共産党の3党は、何があっても同じ党名のもとで存続していくでしょうから、二大政党制にはならないでしょう。

主力野党としては、立憲民主党と国民民主党がありますが、この2党が政策の違いを妥協してまで、統合するとは考えられません。しばらく野党側は多数の政党が並立している状態が続くと思います。

自由民主党にとって鍵となるのは公明党との連立です。公明党が万が一、自由民主党との連立を解消すれば、政界再編が起こるでしょう。

私は日本の選挙制度はさらに改革の余地があると考えています。もう少し社会の多彩な意見を反映するシステムにしてもよいのではないでしょうか。ドイツやニュージーランドが採用している「小選挙区比例代表併用制」を検討するのも一案です。日本の「小選挙区比例代表並立制」では、小選挙区に多数の議席が割り当てられていますから、小選挙区に強い大政党にとって有利なシステムであることは否めません。一方「併用制」では、比例代表で各党が獲得した票数に基づいて議席が配分されるため、より小さな政党の意見が反映されやすくなるという利点があります。

――今後、日本の政治に変化をもたらすものは何でしょうか。

若い有権者が投票に行くことが特に重要だと思います。日本の投票率は毎回5割程度。国民の半数の意見で政策が決まっている状況です。今の日本の現状に不満を感じているなら、まずは投票に行くべきでしょう。自由民主党と公明党の支持者は積極的に投票に行きますから、若者が投票に行かないかぎり、自公連立の優位は変わりません。

実はアメリカも長らく同じ問題を抱えていました。中間選挙の投票率は日本よりもさらに低い4割程度で推移していたのです。それがトランプ大統領の誕生を機に若者の政治への関心が高まり、２０１８年の中間選挙では49％の投票率[*7]を達成しました。これは、大統領選以外の選挙では史上、最も高い投票率であり、アメリカの歴史の中でも記録に残る高い投票率です。その結果、連邦議会下院では野党・民主党が都市部や郊外の選挙区で票を伸ばし、８年ぶりに過半数を奪還しました。

先ほども申し上げたとおり、自由民主党の優位を支えているのは、「小選挙区選挙に多くの議席が割り当てられている既存の選挙システム」「野党の分裂」「自公の連立」「低い投票率」の４つです。この４つのうち、いくつかが変わらないかぎり、自由民主党の優勢は続いていくと予測しています。

第6講義 社会学

日本人はなぜ「場」を重んじるのか

タテ社会の人間関係と働き方改革

ハーバード大学教授
エドウィン・O・ライシャワー日本研究所所長

メアリー・C・ブリントン

Mary C. Brinton

専門は社会学。ジェンダーの不平等、労働市場と雇用、社会人口学、現代日本社会学などを研究。主著に『失われた場を探して――ロストジェネレーションの社会学』、共著に『リスクに背を向ける日本人』。

人生100年時代の到来で、日本人の働き方にも変化が訪れている。「高校や大学を卒業し、企業に就職し、ずっと同じ企業で働き続け、定年退職し、あとは年金で暮らす」という人生プランの見直しが迫られている。伝統的な日本企業に勤める人々の中にも、50代で転職や早期退職する人もいれば、60代で定年を延長する人もいて、その決断はさまざまだ。いまだかつてない超長寿時代をどのように生きていくべきなのだろうか。

メアリー・ブリントン教授は、長年、日本人の働き方と就職活動について研究を行ってきた。1990年には日本に長期間滞在し、フィールドリサーチを敢行。数多くの日本人に職業観や人生観についてインタビューを行った。ハーバード大学では、「現代日本の社会と格差」という授業を担当し、戦後の高度経済成長とその後の経済停滞を経て、日本人の生活環境や労働環境がどのように変わっていったかに焦点を当てる。

ブリントン教授は、「労働市場の効率を高めれば、人々にセカンド・チャンス、サード・チャンスを与えられる」という。日本政府は「一億総活躍社会」を目標に掲げているが、それを実現するために政府、企業、国民が取り組むべきことは何だろうか。ブリントン教授に聞いた。

（2018年10月17日　インタビュー）

「働き方改革」で日本人の価値観は変わるか

――日本では2018年に「働き方改革関連法案」が成立し、今、あらゆる企業、組織が「働き方改革」を推進しようとしています。2019年に法律が施行されることによって、日本人の労働環境は改善していくでしょうか。

この問題は、日本の社会構造と経済界の需要に関わる問題です。戦後の日本には「男子たるもの、一家の大黒柱として家族を養っていくためにも、安定した職に就かなくてはならない」という考え方が根強くありました。日本人男性はずっとその価値観を信じて育ち、学校を卒業したあとは終身雇用制の会社に就職し、ひたすら仕事に邁進しました。仕事は、家族を養うだけではなく、自らのプライドとアイデンティティーを維持するためにも重要なもので、高度経済成長期には長時間労働を美徳とする風潮さえありました。しかし、近年、このような日本人男性の価値観は少しずつ変わりつつあります。

政府は「働き方改革」を提唱し、多くの企業は、従業員に残業せずに帰宅することを奨励しています。これは働いている本人だけではなく、家族全員の健康のためにも不可欠な政策であると思います。しかしながら、これは日本の文化そのものに関わる変革ですから、急速には進まないでしょう。

残業時間が少なくなっても、多くの男性は依然として家族や自分のために時間を使おうとしていないですし、子どもが社会人になり、独立したあとも、仕事第一の生活を送り続けています。ずっと信じてきた価値観を変えるのには時間がかかると思います。

「副業・兼業の促進」に驚くハーバードの学生

――政府は、「柔軟な働き方がしやすい環境整備」の1つとして、副業・兼業の推進を掲げています。これを受けて、2018年1月には、厚生労働省より、「副業・兼業の促進に関するガイドライン」[*1]が出されました。これらの政策は、「いくつになっても新しいチャレンジができる社会」の実現につながるでしょうか。

実は、2018年の夏にこの件について日本の官僚と意見交換したことがあります。

結論から言えば、副業・兼業の促進は政府が机上で考えた非現実的な政策であり、良いアイデアだとは思いません。その理由は3つあります。

第一に、副業・兼業を政府が後押しすることは、現状でも働きすぎの日本人をさらに働かせることにつながることです。新たな知識やスキルを得るために、別の会社で長時間働いてもらう、というのは本末転倒です。「他業種の社員と交流する」「見識を広げる」「新しいスキルを身につける」といった機会は、本来、企業が社員のために用意すべきものです。

第二に、これは非常に男性中心的な考え方であることです。正社員で働いている女性に副業・兼業する時間などありません。母親であればなおさらそうです。日本は、すでに工業中心の社会から脱却して、知識・情報・サービスが重要な役割を果たす脱工業化社会を迎えています。脱工業化が進んだ先進国の中で、女性の家事と育児の負担割合が最も大きいのが、日本と韓国です。この2国では伝統的に性別役割分業意識が強く、「男性は外で長時間働き、女性は家庭を守る」という考え方が根強く残っています。

日本で正社員として働いている女性は、すでに「家事・子育て」という仕事と兼業しているのであって、さらに副業をして3つも仕事をかけもちする、というのは全く現実的ではありません。

第三に、副業をする人は、企業から人員の調整弁と見なされ、低賃金で使われる可能性があることです。企業の立場から見てみれば、「働き方改革」で正社員に長時間働いてもらうことができなくなった。さあ、どうしよう。副業が推奨されているのだから、他社から副業として働くことを希望する人に安く働いてもらおう、となるでしょう。「働き方改革」で短くなった労働時間を、副業・兼業にあてれば、結局のところ、企業にとってはプラスですが、個人にとっては、長時間労働は変わらず、賃金だけが減るという結果になるのです。

ハーバードの授業でも日本の副業・兼業問題について議論したことがありますが、多くの学生は「日本人はすでに働きすぎなのにもっと働くつもりなの?」と驚いていました。アメリカで、兼業している人の多くは、安い時給で働いている非正規労働者です。スキルや経験を得る、自己実現を追求する、将来の起業・転職に向けた準備をする、という目的で副業・兼業を推奨するというのは、適切な戦略ではないと思います。

日本人は他者に対する警戒心が強い

――著書『失われた場を探して――ロストジェネレーションの社会学』では、日本人が「場」を重んじる国民であることを指摘しています。その要因をどのように分析していますか。

「場」という概念は、東京大学の中根千枝名誉教授の著書『タテ社会の人間関係』で広く知られるようになりました。日本人は集団組織とタテのつながりを重視し、個人の持つ「資格」よりも、その個人がどの「場」に所属しているかを見て、人を評価する傾向があると中根名誉教授は分析しています。

他国では、人は個人の実力や職業そのもので社会から評価されますが、日本の場合、出身校や勤務先で社会的な評価が決まってしまいます。つまり、日本人のアイデンティティーは、所属している組織、組織の中の職位によって規定されるのです。

なぜ日本ではこれほど「場」が重要視されるのか。

その理由の一つが、他者に対する警戒心が強いことです。社会心理学者の山岸俊男は、長年積み重ねてきた実験と調査をもとに、「日本人はアメリカ人に比べると『自分がよく知っている人』『自分と同じグループに所属している人』を信頼する傾向が強く、グループの外にいる人を警戒し、信頼しない傾向が強い」と結論づけています。[*2]

さらには、歴史的な要因もあります。戦後の復興期、若者が職を得るためには、国、地方公共団体、学校からの求人情報に頼るしかありませんでした。日本人の就職活動と経済的な安定に、「場」がとても重要な役割を果たしてきたのです。

日本人の収入もまた「場」によって規定されてきたことがさまざまな調査によってわかっています。[*3] 就職先はどこか、そこで何年働いたかで年収が自動的に決まってしまうのです。福利厚生についても同じことがいえます。従業員は一生、会社のために忠実に働くかわりに、会社は雇用を保障し、社宅、社食、制服などを提供したのです。

転職に役立つのは「友人の友人」

――この「場」を重んじる伝統が、今、「転職したくてもできない不幸な社員」を生み出す要因となっているという批判的な意見もあります。日本では、転職があまりにも大きな社会的損失を伴うためです。著書の中で、転職活動で頼りになるのは「社会関係資本」だと述べていますが、それをどのように活用していけばよいのでしょうか。

「社会関係資本」とは、さまざまな目的を達成するために活用することができる人的ネットワークや個人的なつながりのことです。もちろん職探しにも利用することができます。

社会関係資本には、「ストロングタイズ」と「ウィークタイズ」があります。前者は、家族や親しい友人などとの強いつながり、後者は「友人の友人」のような弱いつながりを意味します。

スタンフォード大学のマーク・グラノヴェッター教授が１９７０年代に行った調査[*4]の結果、アメリカ人の男性が転職するとき、その多くがウィークタイズを通じて仕事を見つけていることがわかっています。面白いことに、アメリカでの職探しにおいては、家族のコネよりも、普段あまり会わない「友人の友人」の力のほうが有効なのです。そのため、アメリカ人は、より多くの求職情報と転職チャンスを得るために、広い人脈を築き、ウィークタイズをたくさん持とうとします。

一方、伝統的に「場」を重んじる日本では、ストロングタイズを築くほうが大切だと考えられてきました。初めて就職活動をするときも、「制度的な社会関係資本」、つまり所属する学校やその卒業生などが持つネットワークを使うのが定石でした。就職してからも会社頼み、組織頼みの傾向は変わりません。

社内で活躍するポジションがなくなってしまった定年前の社員に対しては、会社が子会社や関連企業に次の職を斡旋しました。定年間近の官僚には、民間企業や関連団体に天下りする道が用意されていました。そのため、日本人は、個人で努力してウィークタイズを築き、それを使って自分で転職することに慣れていないのです。

――ところが現在、「場」による職の斡旋にも、限界がきています。

日本の終身雇用制度には、利点もたくさんあります。日本の長い歴史、伝統的な文化の中で育まれてきたものですから、制度そのものが悪いとは思いません。しかしこの制度があると、他社への転職が難しくなるのも事実です。「リスクをとって、次の『場』に挑戦してみよう」という意欲を失わせてしまうのです。

雇用のグローバル化が進む中、日本の人事システムにはもう少し柔軟性と流動性が必要だと思います。衣食住から福利厚生まで全部企業が面倒を見る、最初に就職した企業で年収や生活レベルが決まってしまうような制度は、時代に応じて少しずつ変えていくべきでしょう。

今後、日本は労働、雇用の面においても、さらにグローバル化を促進していく必要があります。21世紀の世界で日本が成長していくには、個人がリスクをとっても、次に進めるような社会に変えていかなくてはなりません。

——著書『リスクに背を向ける日本人』でも指摘していましたが、日本人は世界一リスクをとらない国民だと言われています。なぜこれほど安定志向なのですか。

先ほども申し上げたとおり、「家族を養わなくてならない」という責任感が大きいと思います。また、終身雇用制の慣習がある日本では転職した人の成功例が少ないことも要因の一つでしょう。大企業からベンチャー企業に転職して成功した、とか、1回目の転職では失敗したけれども2回目で理想の職に出会った、とか、そういう事例が周りに少ないのです。特に大企業、大組織に勤務していれば、そうでしょう。アメリカには、転職を繰り返して成功した、という人がたくさんいますから、少し失敗しても大丈夫だと思える風潮があります。日本の場合は「場」を変えるリスクがあまりにも大きいため、安定志向にならざるをえないのです。

映画『トウキョウソナタ』が教えてくれること

――日本の40代、50代の中にも転職を考える人が少なくありません。ところが日本企業の社員は、転職活動に慣れていないせいか、なかなか現状以上の職が見つからないと聞きます。その理由は何でしょうか。

アメリカ人に比べると、日本人は自分のスキルや強みを社外の人に伝えることに慣れていないと思います。そのことを如実に伝えているのが黒沢清監督の映画『トウキョウソナタ』です。私はこの映画をハーバードの授業で教材として使っています。主人公の佐々木竜平（香川照之）は、ヘルスケア企業の総務課長。年齢は46歳です。あるとき、コストカットのために、総務部の仕事を中国の会社が請け負うこととなり、佐々木が所属していた総務部が部署ごとなくなることになります。

佐々木は人事部から「今後、総務を離れて、何をやりますか。自分で見つけてください。すべて佐々木さんの自由ですよ、この会社で最大限の能力を発揮していただくか、ここを去っていただくか[*5]」と言われ、勢いで退職を選んでしまいます。

佐々木は退職したことを家族には言っていないため、毎朝、スーツを着て、定時に家を出ます。仕方なくハローワークで職探しをするのですが、時給の低い警備員やコンビニエンスストアの店長の仕事しかないと言われ、落胆の日々を送ります。

そんな中、ようやく良い求人が見つかり、佐々木は近代的なオフィスに面接に出かけます。そこで、彼よりもずっと若い面接官から、「佐々木さんは46歳。何がやれますか」と聞かれる。ところが佐々木は、自分の能力をよくわかっていないため、「何でもやるつもりです」と答えてしまう。「何でもじゃわからないね。あなたの能力を知りたいんです。あなたが得意とするものをここで見せてください」と言われ、「カラオケとか、そういうことでしょうか」と質問して、相手を苛立たせ、カラオケを歌うことになる。[*6]もちろん面接には落ちてしまい、再びハローワークに通うことになります。

映画ですから、多少、誇張されてはいるものの、このシーンは、日本の中高年男性の課題を如実に反映していると思います。高校や大学を卒業後、同じ会社で働き続けてきた人は、自分の価値を客観的に評価する機会がありません。そのため大手企業で数十年働いてきた過程で、どんなスキルを身につけてきたのか、自分の強みを生かしてどのように次の会社に貢献していきたいのか、第三者にうまく説明できないのです。

――先ほど、アメリカ人は「ウィークタイズ」を活用して仕事を見つける傾向が強いという話がありました。『トウキョウソナタ』の佐々木は、失業したことを誰にも言えずに、ハローワークに頼って職探しをしています。転職活動においては、このような方法も活用すべきだと思いますか。

以前、オックスフォード大学の苅谷剛彦教授と共同で「日本人男性が最初の就職先をどのように見つけてきたか」について研究したことがありますが、佐々木のような人は少数派です。私たちは、人的な社会関係資本（家族、親戚、友人、知人）、制度的な社会関係資本（学校）、非ネットワーク型の方法（新聞広告、ハローワークなど）という3つの分類に分け、年齢別に調査しましたが、どの年代でも非ネットワーク型の方法で見つけた人は15～19％と極めて少なかったのです。[*7]

たとえば、1952年から56年生まれの男性が使った手段の中で最も多かったのが、制度的な社会関係資本、つまり、学校という「場」からの紹介で、これが約半数を占めます。次が人的な社会関係資本、つまり「ストロングタイズ」「ウィークタイズ」で約3割、そして最後が非ネットワーク型の方法で、2割弱です。[*8]

現在、オンラインでの求人サイトが活況で、日本の人手不足を反映してか、40代以上専門の求人サイトもあります。しかしながら、「場」に頼る傾向は依然として強いと思います。日本の求人情報ではまだまだ年齢制限を設けている職が多く、現実的には最低賃金や安い時給の仕事しかありません。これは大きな問題だと思います。

あなたのキャリアには可能性がある

――転職を成功させるために、今、日本のビジネスパーソンは何をしておくべきでしょうか。

これは個人のみならず企業、政府も一緒になって長期的に取り組むべき課題です。個人は自分のキャリアにはもっと可能性があることを認識し、企業は中途入社の人たちを歓迎するオープンな社風をつくり、政府はこうした動きを後押ししなくてはなりません。

日本のビジネスパーソンがまず取り組むべきなのは、ウィークタイズを増やすことでしょう。高校や大学を卒業してからずっと、同じ会社に勤務している人は、人的ネットワークも仕事の経験値も限られてきます。できるかぎり異業種の人々と交流することで、世界観を広げる努力が必要です。

もう一つは、人生の棚卸しをすることです。これまで自分はどんなスキルを磨いてきたのか。「自分の能力が評価されるのはこの会社の中だけだ」と考えるのは間違いだと思います。20年、30年と同じ会社で働いてきた過程で、多くのスキルや知識を身につけてきたはずです。それは、所属企業だけではなく、ほかの企業でも生かせるものなのです。

自分が築いてきた資産は次の仕事に生かせるのか。これを深く考え、整理し、社外の人にもわかるようにうまく伝えることが必要になってくると思います。

企業や政府が推進する「教養講座」は役に立つか

——人生100年時代を迎え、日本政府は今、「リカレント教育」に力を入れようとしています。リカレント教育とは、OECD（経済協力開発機構）が提唱した生涯教育の一つで、社会人になってからも必要に応じていつでも学び直せる教育システムのことです。現代の日本人に必要なのはどのような教育でしょうか。

就職、あるいは、転職したらすぐに役立つようなスキルを身につけられることが重要です。

たとえば、40代、50代の人を中途入社で受け入れる場合、どういうスペックの人がほしいのか。どのような人であれば、好条件で採用したいのか。IT系が得意な人かもしれないし、財務の専門家かもしれない。政府は一方的に予算を割くのではなく、企業のニーズを聞き入れ、その分野に集中して予算を投下する必要があります。

――日本では、政府、企業、経済団体が中高年向けに主催する教養講座が数多く開講されています。現代のグローバル社会では、実用的なIT教育ももちろん重要ですが、時代にあった教養教育も同じように大切だと考えられているからです。こうした教養を身につけることは、良いキャリアを築くのに役立つでしょうか。

もちろん、年齢にかかわらず教養を深めることは価値あることですが、それが、直接、中高年のビジネスパーソンの「転職」に役立つかは疑問です。どちらかといえば、間接的に役に立つ、というほうが正しいでしょう。ただし、それらは経験豊富で、国際的な見識を持った一流の講師が教える講座でなくてはなりません。たとえば企業の変革に成功した経営者や元経営者などが、適任でしょう。自社の講演会に他社の経営者を呼ぶというのは、急進的なアイデアかもしれませんが、社員の視野を広げる上でも役に立つと思います。

エリートだからこそ教養を身につける

――ハーバード大学の学生は文系、理系にかかわらず幅広い講座の中から自由に好きな科目を選択することができます。なぜハーバードは教養教育を重視するのですか。

アメリカの高等教育システムの目的は、学生に社会に出てから役立つ思考やスキルを身につけてもらうことだからです。またあらゆることに柔軟に対応できるための基礎としても教養教育は大切です。

多くのアメリカの大学では、受験する際に専攻を決める必要はありません。日本のように「医学部」を受験する、「法学部」を受験する、というシステムになっていないのです。もちろん、応募書類には大学で学びたいことを記入する必要がありますが、大学に入ってから専攻は自由に変えられるのです。これはとても良いシステムだと思います。

ハーバードでは、将来、医者になりたいと思っている学生も、芸術が好きなら、芸術の授業を履修することができます。芸術の講座は芸術家になりたい人だけのために開講されているわけではないのです。ハーバード美術館に行って、絵画を鑑賞すれば、人間としての見識が広がります。この体験や知識は医者になっても役に立つものです。

私は社会科学の授業を教えていますが、工学専攻の学生もたくさん履修しています。たとえばアメリカが抱える社会問題を分析するスキルを教えれば、学生は「ニュースを読むときはこういう批判的な視点で見ることも必要なんだな」とか、「自分が工学の授業で身につけたスキルは、貧困問題を分析するのにも使えるぞ」などと気づくことになります。学生には、専攻にかかわらず、社会問題を違った視点から見る術を学んでほしいと思っています。

――テクノロジーや人工知能の進化にともない、STEM、すなわち科学・技術・工学・数学がますます重要視されています。それでも人文科学を学ぶべき理由は何ですか。

STEM教育はとても重要なことは確かです。ハーバード大学でも、多くの学生がコンピューターサイエンスを専攻しています。しかし専攻はコンピューターサイエンスでも、芸術、歴史、社会学、外国語の授業も履修しています。やはり私たちは人間であり、いくら科学技術の時代だからといっても、人間を理解するためには、人文科学を学び、文化の価値を理解することは不可欠なのです。

――ブリントン教授が所長を務めるライシャワー日本研究所は、アメリカにおける日本研究の中心的存在です。なぜハーバードの学生は、日本から学ぶべきだと思いますか。

異文化を学ぶことは良き地球市民になるための教養として不可欠です。日本は教育水準の高い国民を擁する民主主義国家であり、工業中心から情報・サービス・知識産業中心へと発展した脱工業化国家です。アメリカとの共通点もたくさんあります。しかし、日本とアメリカでは建国から歩んできた歴史が違いますから、抱えている社会問題も違うのです。

たとえば、移民の問題です。アメリカは多民族国家ですから、文化が違う民族と民族の間に軋轢が生じ、社会問題になります。一方、同じ文化を共有する人々が長年、同じ場所に住んできた日本では、もともと住んでいる人々と外国から入ってくる人々との間で問題が生じます。

私が申し上げたいのは、異文化を学ぶと、自国の文化、さらには、自分自身についての理解が深まるということです。私たちは、日本という国をよりよく理解するために、人生の大半を日本研究にささげてきました。これからも日本を応援していきたいと思いますし、日米双方に役立つような活動をしていきたいと思います。

メアリー・C・ブリントン

第7講義 マネジメント

日本人のオペレーションはなぜ簡単に真似できないのか

テスラ、GMがトヨタから学ぶべき現場文化

ハーバード大学経営大学院教授

ウィリー・C・シー

Willy C. Shih

専門はマネジメント。特に製造業と製品開発。IBM、イーストマン・コダック等を経て現職。トヨタ自動車、ソニーなど日本企業に関わる教材を多数執筆。共著に『繁栄と製造業――なぜ米国は製造業ルネサンスを必要とするのか』*1。

アメリカのトランプ大統領が選挙戦で掲げた公約の一つが、製造業の雇用を米国に取り戻すこと。近年、アメリカでは成長著しいＩＴ企業ばかりが注目されてきたが、現在、製造業の動向がメディアに大きく取り上げられてきている。

トランプ大統領が公約に掲げるずっと前から、アメリカ製造業の復権を訴えてきたのが、ウィリー・シー教授だ。世界各国の生産現場に足を運び、精力的に論文や記事を執筆している。

１９８０～90年代、多くの米国企業がコスト削減の目的で生産拠点を国外に移した。その結果、アメリカのものづくりの能力は衰退し、多くの技術が流出することとなった。こうした状況に、シー教授は「アメリカの競争力の優位性を脅かすものだ」と警鐘を鳴らす。

日本は戦後、製造業を中心としたものづくりで経済成長を遂げてきた。なぜ日本のメーカーは強いのか。ハーバードの教授陣に取材をしているとよく聞くのが「外側だけトヨタの真似をしてもトヨタにはなれない」「米国企業は日本のメーカーのこういう製品をつくろうとしたが、どうしてもつくることができなかった」という話だ。それには、やはり日本人の国民性が関係しているのだろうか。日本のメーカーの強さの源泉を中心にシー教授に聞いた。

（２０１８年10月12日　インタビュー）

日本企業の技術力を疑っていた米国メーカー

――1970年代、日本の自動車メーカーは、高品質、低価格の小型車でアメリカ市場を席巻しました。なぜ、当時、アメリカのビッグスリーは、日本企業と同じような小型車を製造できなかったのでしょうか。

その理由は、アメリカの自動車メーカーには日本のメーカーに匹敵する生産方式も、それを支える企業文化もなかったからです。しかも日本企業から学ぼうともしませんでした。

1980年代になると、日本のメーカーはアメリカに工場を設立し、現地生産を加速させました。アメリカ政府が日本側に対米自動車輸出台数を制限する自主規制と現地生産を求めたためです。日本の生産方式が国内に入ってきたにもかかわらず、アメリカのメーカーは依然として「日本企業は何か不公正なことをやっているから低価格で売れるのだ」と信じ込んでいました。まさか日本企業が、優れた生産システムを独自に開発して、コスト削減を実現していたなんて、夢にも思わなかったのです。

トヨタ自動車の生産方式がアメリカで初めて注目されたのは84年、つまり最初に日本車がアメリカに入ってきてから20年以上も経ってからでした。この年にマサチューセッツ工科大学（MIT）が発表した自動車業界の未来についての報告書[*2]をきっかけに、ようやくアメリカの自動車メーカーは、日本の生産システムに学び始めたのです。

トヨタ生産方式は簡単に真似できない

――トヨタは84年、ゼネラルモーターズ（GM）との合弁会社を設立します。そこで、GMはトヨタの生産方式を学んだはずですが、なぜGMは長らくトヨタのオペレーションを自社に導入できなかったのでしょうか。

トヨタの生産システムを可能にしているのは、継続して学習し、問題を解決する企業文化です。その文化は全社員に浸透しています。だからこそ、簡単に真似できないのです。

15年前、イーストマン・コダックの部門長だった私は、トヨタの生産方式を学ぶため、経営陣を連れてケンタッキー州のジョージタウン工場を見学したことがあります。工場長が生産現場をくまなく見せてくれるので、私は驚いて「本当に何でも見せてくれるのですね。これではアメリカの競合メーカーにも筒抜けではないですか」と聞くと、彼はこう答えたのです。「競合が来ても、全部見せますよ。見ただけでは真似できないから見せても大丈夫なんです。企業文化と考え方まで理解しなければ、この生産方式は実現できませんから」。実際、GMはトヨタから直接学ぶ機会を得ていましたが、文化を変えるには長い時間がかかっています。

84年、トヨタとGMはカリフォルニア州にニュー・ユナイテッド・モーター・マニュファクチャリング（NUMMI）という合弁会社を設立しました。その目的は、日米の生産方式や販売方式を互いに学ぶことでした。GMがNUMMIに提供したのは、業績悪化で閉鎖されたばかりのシボレーの工場でした。それはGMの社内で、生産性、品質、労使関係、コスト管理のすべてにおいて「最低」の評価を受けていた工場でした。

その工場を引き受けたトヨタは、解雇された従業員を雇い直し、トヨタの文化を学んでもらいました。トヨタの生産システムを導入し、徹底的に効率化を進めた結果、最低ランクだった工場は、最高ランクの工場に生まれ変わったのです。しかし、GMがトヨタのリーン生産方式を全米の工場に導入するには何十年もかかりました。トヨタ式を実現するには、GMの企業文化を根本から変える必要があったからです。

見た目を変えてもイノベーションは起こらない

――これまで世界中のメーカーが「アンドン」や「かんばん」など象徴的なモノを取り入れ、まずは外側から変えようとしてきました。「アンドン」とは異常表示灯のことで、「かんばん」とは、部品名・数量・納入日時など記載した作業指図票のことです。ところがトヨタのようなオペレーションは実現できませんでした。その理由は何だと思いますか。

トヨタの生産方式が評価されるようになってからというもの、多くの企業が「アンドン」を導入しましたが、トヨタと同じ効果は得られませんでした。なぜなら、トヨタにおいて、アンドンコードをひっぱって、ランプをともすことは、助けを呼ぶ特権があることを意味するからです。つまり、アンドンコードがあることが重要ではない。それは、企業文化の本質を体現しているにすぎません。助けを呼べるということは、チーム全員で解決法を考える文化があるということです。

多くの人は、「社員の生産性を上げるためには、まず見た目から変えなくてはだめで、目指すべき企業文化を象徴するようなモノを社内に置くことが大切だ」と誤解しています。ＭＩＴのエドガー・シャイン名誉教授は『組織文化とリーダーシップ』の中で、「モノはその会社の根底にある文化を反映しているにすぎない[*3]」と書いています。モノを変えたからといって、考え方が変わるわけではないのです。

シリコンバレーのＩＴ企業を訪問すると、無料のカフェテリアがあったり、共用スペースにテーブルサッカーが置いてあったりします。仮に日本の伝統的な大企業が、「もっと時代に合った革新的な雰囲気の会社にしなくては」と思い、社内におしゃれなカフェテリアや軽食コーナーをつくり、テーブルサッカーなどができるゲームスペースを設けたとしましょう。しかし、それだけで、社内から画期的なアイデアが生まれることはないはずです。社内に置いてあるモノや共用スペースは、革新的な社風の結果であり、要因ではないからです。結局のところ、イノベーションを起こすような会社に変えたければ、社員の考え方を変えるしかなく、外側だけ変えても変わらないのです。

日本人の国民性と経済成長の相関性

――トヨタ生産方式は、「日本の経済風土にあったオリジナルな方法を」という考えから開発されたといいます。[*4] 日本人の国民性は、日本企業の文化や日本の経済成長にどのような影響を与えていますか。

日本人の「完璧な品質を追求する」「継続して改善を行う」という国民性は、世界的に見てもとても価値あるものであり、日本経済の成長に多大なる貢献をしてきたと思います。それに加え、戦後の日本が多くの制限や不便さを抱えていたことも、イノベーションを起こす原動力になりました。

戦後、日本のメーカーが欧米の大量生産に対抗するには、「多種少量生産」で高品質な車を安い原価でつくっていかなければなりませんでした。しかし、当時の日本にはお金もなければ、スペースもない。無駄を徹底的に省くトヨタの生産方式は、今あるものを最大限に活用するにはどうしたらいいか、と必死に考える中で、生まれたものです。

トヨタの生産方式の基本コンセプトは、自動車市場がまだ小さく、日本国内での売上高が大きかった時代に確立したものですが、現在、トヨタの連結販売台数の７割強を海外売り上げが占めます。多種多様な車種を生産していくという戦略がどの国でも通用するとは限りません。どこまで日本式でいくのか、今後課題になってくると思います。つまり、日本人の国民性は日本企業の成長を促進することもあれば、阻害することもある、というのが私の見方です。

電気自動車メーカー「テスラ」の苦悩

――２０１６年、トヨタはアメリカの電気自動車メーカー、テスラとの提携を解消しました。両社の最も大きな違いは何ですか。

企業文化です。トヨタとテスラの社風は正反対といってもいい。テスラのマネジメントは完全なトップダウンで、CEOのイーロン・マスクが細かい点まで全部自分で決めます。18年、モデル3の生産に遅延が生じたときには、自ら生産ラインに指示を出しました。

さて、これが自動車メーカーの経営者として正しい行動であったか。私は最悪の行動だったと思います。経営者が工場まで飛んでいって、つきっきりで問題を解決する。この現象はテスラが抱える2つの問題を象徴しています。1つは、テスラには、経営者の考えを体現して工場を運営できる人材がいないこと、もう1つは、経営者が現場を信用していないことです。自動車工場のオペレーションは巨大かつ複雑です。多くの人々がチームの一員として役割を果たさなければ、うまく動きません。一人の人間がすべてを把握して、正しく判断することなど不可能です。

正直にいえば、車体を製造する、部品を組み立てる、という作業そのものは難しいプロセスではありません。特に高度な専門知識がなくともできる。それは電気自動車でも変わりません。今、テスラが抱える最も大きな問題は、マネジメントスタイルです。イーロン・マスクはIT企業で成功をおさめましたが、製造業では経営手法を変えなくてはなりません。現場に裁量権を与え、まかせることが必要なのです。

――テスラは、優秀な人材を集めることにも苦労しているのでしょうか。

テスラは革新的なイメージがあるので、優れた人材はどんどん集まってきます。ハーバード大学経営大学院の卒業生も就職しています。ところが、意気揚々と入社した人の多くが、やりがいを感じられず、短期間でやめてしまう。なぜならイーロン・マスクが全部決めてしまい、社員の意見が聞き入れられないからです。経営陣による独断的な解雇も横行していて、士気は下がる一方だそうです。マネジメントスタイルを変えないかぎり、この会社の将来は暗いと思います。

――アメリカのメーカーが、今トヨタから学ぶべきことは何でしょうか。

私がハーバードでトヨタについて教えるとき、必ず、世界の製造業の歴史におけるトヨタの存在意義を伝えることにしています。

ヘンリー・フォードは、「製品を通じた社会への貢献」「従業員には高賃金、顧客には低価格」「収益の社内留保による投資」という「フォーディズム」を実践し、世界の製造業に革命を起こしました。その思想は、経営学者のフレデリック・テイラーが20世紀初頭に提唱した「科学的管理法」に基づくものです。

次に革命を起こしたのがトヨタです。同社のリーン生産方式は徹底して無駄を省くことで、生産の効率化を実現しました。この方式は現在、世界中の企業のオペレーションに取り入れられています。そのインパクトは巨大であり、トヨタ式を超える生産方式はいまだ現れていません。アメリカのみならず世界中の企業がトヨタから学んできましたし、今後も学ぶべきだと思います。

研究への投資をやめなかったソニーのV字回復

――「テクノロジービジネス」を教える授業ではソニーの事例を取り上げています。近年のソニーのV字回復の要因をどのように分析していますか。

ソニーは事業ポートフォリオの組み換えに成功したと思います。今、ソニーの収益を支えているのは、ゲーム＆ネットワークサービス、金融、半導体です。しかし、ここまでたどりつくのに、苦しい時代があったことも確かです。

特に半導体のセンサービジネスの成長には目を見張るものがあります。長年の投資の成果がようやく出てきたのだと思います。ソニーは過去30年以上にわたって、イメージセンサーに投資し続けてきました。ソニーにはカメラ、ビデオカメラを製造してきた長い歴史があります。他社に負けないような新製品を出し続けるためにも、この分野に投資をし続ける必要がありました。それが功を奏したのです。

たとえば、私はソニーのビデオカメラを愛用していますが、買おうと思った決め手は、「裏面照射型ＣＭＯＳイメージセンサー」を搭載していることでした。これがあると感度が高くなり、暗い場所でも明るい映像が撮れるので重宝しています。この卓越したイメージセンサーの技術は、今、ソニーに大きな収益をもたらしています。

――苦しい時代があったとおっしゃいましたが、具体的にはどういうことですか。

私は、ソニーの歴史を「リソース、プロセス、優先順位」を教えるのに使っています。リソースというのは、企業に必要なヒト、モノ、カネのこと、プロセスとは、企業が製品やサービスを世に出すまでの社内手順のことです。企業が成長するためには、有望な分野にリソースを集中させ、それに合ったプロセスを新たに確立していくことが必要ですが、大企業になればなるほど、既存の事業、既存のプロセスを変えるのが難しくなるのです。1990年代から2000年代にかけて、ソニーが苦境に陥ったのは、この変革に時間がかかったからです。

ソニーは、1950年代、安価なトランジスタラジオで破壊的イノベーションを起こしました。真空管からトランジスタへというテクノロジーの変化の波にうまく乗ったのです。ソニーが新しい製品を次々に世に送り出せたのは、技術開発力と徹底的な顧客中心主義にありました。

――創業者の一人である盛田昭夫は、東京、ニューヨーク間を通勤しているのではないかと思うほど往復し、アメリカ中を歩き回ってトランジスタラジオやテープレコーダーを売り歩いたといいます。消費者目線、顧客目線が破壊的イノベーションを起こしたのですね。

ソニーの経営者が自ら店舗に出向いたり、製品がどう使われているかを調査したりしたのは、アメリカでも有名な話です。こうした姿勢が「ソニーは顧客を大切にする会社だ」という評判につながりました。

その後、1970年代から1990年代まで、ソニーは飛躍的に成長します。その成長を支えていたのはカラーテレビです。「1ガン3ビーム」「アパチャーグリル」「円筒形のフラットパネル」などの技術を擁したソニーのトリニトロンテレビは、米国製のテレビよりも遥かに優れていました。

ソニーのトリニトロン技術の基本特許は1991年まで有効でした。ソニーはこの周辺技術に関する特許をもとに、テレビ本体のフラット化、画面の大型化を進めていき、シェアを拡大することができたのです。

基本特許が切れてからもトリニトロンテレビの参入障壁は依然として高いままでした。三菱電機がダイヤモンドトロンを開発しましたが、多くの企業はソニーからブラウン管を調達していました。ソニーはさらにテレビからコンピューターモニターへと販路を広げ、大きな利益を上げます。

ソニーが苦しくなってきたのは、ブラウン管テレビから液晶テレビへと転換したときです。液晶テレビはコモディティーですから、どんなメーカーでもテレビを製造することができます。台湾の瑞軒科技（アムトラン・テクノロジー）、韓国のサムスン電子、LGエレクトロニクスなど、日本国外のメーカーが次々に参入し、ソニーはテレビ事業でお金を儲けることができなくなってしまったのです。しかしながら、テレビ部門が苦境に陥っても、ソニーは研究への投資をやめませんでした。その一つであったイメージセンサーが実を結び、現在のV字回復へとつながったのです。

コダックと富士フイルムの明暗を分けたもの

――シー教授は、1997年から2005年まで、イーストマン・コダック社の役員を務めていました。コダックの失敗から何を学んだかについて多くの論文や記事を執筆されています。

私がコダックで学んだのは、テクノロジーには寿命があり、企業はその寿命が終わる前に次の代替技術の波に乗らなくてはならない、ということです。これが企業にとって生命線になるのです。いつまでも古い技術にしがみついていると、会社そのものの存続に関わります。

多くの経営学者や評論家は、「イーストマン・コダックが倒産したのは、経営陣がフィルムビジネスの終焉を予測できずに、デジタル化への対応が遅れたからだ」と批判していますが、これは的はずれな分析だと思います。私たちは、常にデジタル化について議論していましたし、次のビジネスについても真剣に検討していました。コダックが倒産した背景には、もっと複雑な問題があったのです。

実は当時、コダックはソニーがカラーテレビ事業で直面したのと同じ問題を抱えていました。

20世紀のフィルムビジネスを支えていたのは、コダック、富士フイルム、アグファの3社です。規模で見れば、実質、コダックと富士フイルムの2社でシェアを分け合っていたといっても過言ではありません。つまり寡占状態であったフィルムビジネスには大きな参入障壁があったのです。

しかし1990年代後半にフィルムからデジタルへの移行が進むと、スケールメリットの恩恵は、カメラメーカーやフィルムメーカーではなく、半導体メーカーが得るようになります。ソニー、パナソニック、シャープ、台湾のTSMC（台湾セミコンダクター・マニュファクチャリング）など、イメージセンサーをつくっていたメーカーが有利となりました。

コダックにもNASA（アメリカ航空宇宙局）向けのハイエンドセンサーを提供する事業がありました。NASAには1960年代からさまざまな技術を提供していて、1998年の火星探査ミッションではコダックのイメージセンサーが採用されています。しかしそれは所詮、限られた規模でしかなかったのです。

デジタルカメラ時代の到来で、コダックは何百という企業と戦うことになりました。そこにはフィルムビジネスのような参入障壁はなく、あらゆるメーカーがセンサーやレンズを調達してデジタルカメラをつくり始めました。そして私たちの利益はどんどん減少していったのです。

――富士フイルムもコダックと同じ問題に直面しましたが、なぜ富士フイルムは成長し続けているのですか。

富士フイルムは多角化に成功したからです。良いタイミングでフイルムビジネスから脱却し、高機能材料分野やヘルスケア分野に注力していきました。現在、富士フイルムの成長を主に支えているのは、この2分野です。

また富士フイルムにも、ソニーのイメージセンサーと同じような成長の種がありました。それが偏光フィルムです。この技術が特にコダックとの明暗を分けたと思います。もともと、富士フイルムは、写真フィルムの基材として偏光フィルムを製造していました。それが液晶ディスプレイの偏光板の保護膜として使えることがわかり、コンピューター、スマートフォン、テレビなど、用途がどんどん広がっていったのです。

ウィリー・C・シー

長寿企業の強みを発揮する「任天堂」と「東レ」

――日本のメーカーには優秀な人材と優良な技術が眠っているのに、それが生かされていない、という話をよく聞きます。なぜ、ソニーのトランジスタラジオ、ホンダのスーパーカブのような破壊的なイノベーションが日本企業から生まれにくくなっているのでしょうか。

私がイノベーションの授業で教えているのは、ノーベル経済学賞受賞者のハーバート・サイモンが提唱した「限定合理性」という概念です。「限定合理性」とは、「人間は限られた時間、限られた情報の中でしか、状況を判断することができないので、特に複雑な状況においては、必ずしも最高の決定をするわけではない」ということを意味します。

経営者が完全に合理的な存在であれば、常に合理的な決断ができるはずです。それなのになぜ悪い決断を下してしまうのか。その問いに対して、サイモンは次のように明快に結論づけています。「世界は複雑な場所であり、それゆえ、どんな人間でも全部を知ることは不可能だ。そのため人間はその一部を切り取って、自分が知りうる情報をもとに、合理的に行動しようとする」

そこで問題となるのは、その情報をどこから、誰から得ているか、ということです。日本企業の経営者の主たる情報源は誰でしょうか。50代から70代の同じ会社で働いてきた日本人男性です。日本企業では役員も取締役メンバーもほぼこの層で占められており、女性、外国人、若者が含まれているのは極めて稀です。つまり、日本企業の経営者は、世界的に見ればものすごく偏った情報をもとに判断を下しているのです。もちろん、この傾向は昨今、改善しつつありますが、グローバル水準を達成するには、まだまだ時間がかかるでしょう。

――その中で最近、日本企業が生み出した「破壊的イノベーション」の事例を教えていただけますか。

ホンダジェットは、破壊的イノベーションの素晴らしい事例でしょう。ホンダは伝統的な日本企業とは一線を画した存在です。創業から常にグローバルマーケットで成功することを目標にしてきましたし、革新的すぎるイノベーションであっても歓迎する風土がありました。

ホンダジェットの成功要因は、限定合理性の中で、情報をできるだけオープンに取り入れようとしたところにあると思います。

ホンダジェットの開発は、米国企業やアメリカ人顧客からも意見を取り入れながら、進められてきました。2004年、ホンダはGE（ゼネラル・エレクトリック・カンパニー）と合弁でGEホンダ・エアロ・エンジンズを設立し[*5]、共同で小型ビジネスジェット機搭載用のHF120ジェットエンジンを開発しました。ホンダジェットには、常識にとらわれない発想が至るところに見られます。翼の上にエンジンを置くというような発想は、普通の思考の延長線で考えても出てきません。これも藤野道格《みちまさ》社長をはじめとするホンダエアクラフトカンパニーの経営陣ができるだけ広く情報を集め、試行錯誤を重ねてきた結果だと思います。

——今後、テクノロジーとイノベーションの観点から、さらに研究していきたい日本企業はありますか。

トヨタ、ホンダ、ソニーは継続して研究し続けたいですが、そのほかには2つ、注目している企業があります。

1つは任天堂です。1889年の創業以来、花札、トランプ、テレビゲーム機、携帯型ゲーム機、ゲームソフトまで、時代ごとに新しい製品を送り出してきました。主力の商品を何度も変えて、成長し続けていますが、このイノベーション力はどこから来るのか、非常に興味を持っています。

もう1つは東レです。東レもまた1926年創業の長寿企業です。東レは、炭素繊維および炭素繊維複合材料の分野の世界的リーダーです。現在、自動車や航空機の軽量化が進んでいますが、金属よりも軽く、加工しやすい炭素繊維複合材料のニーズは高まるばかりです。

東レは過去20年間で赤字に転じた時期もありましたが、それでも炭素繊維の研究費は削りませんでした。1960年代から40年以上にわたってひたすら研究し、それが一大事業へと成長しました。これはまさに、日本の長寿企業の強みであると思います。

中国のメーカーが猛烈な勢いで成長していて、油断ならない状況であることは確かですが、私は日本企業のイノベーション能力を高く評価しています。日本企業がこれからも革新的な製品を生み出していくことを期待しています。

第8講義 宗教史

日本人はなぜ ものづくりと清掃を尊ぶのか

世にも宗教的な日本人

ハーバード大学教授

ジェームス・ロブソン

James Robson

専門は東アジアの宗教史。「東アジアの宗教――伝統と変遷」「禅と生の技法」等の講座を担当。「ハーバードサマースクールin京都」プログラム長。2010年度沼田智秀仏教書籍優秀賞受賞。

アメリカでは、今、禅から派生したマインドフルネス瞑想が大ブームになっている。「身体に良い」「集中力を高める」などの効果が科学的に証明されたこともあり、多くの企業の研修や大学の授業に瞑想が取り入れられている。またアップル創業者のスティーブ・ジョブズの影響からか、企業名に「ZEN」をつけるのも流行している。その多くがIT系のベンチャー企業だ。

ハーバードで「禅の専門家」として名高いのがジェームス・ロブソン教授だ。大学時代に曹洞宗の僧侶、鈴木俊隆《すずきしゅんりゅう》の著書を読んで衝撃を受けたというロブソン教授は、禅の教えは若者が今後の人生を生きていく上で必ず役に立つと信じている。ハーバードの定番講座である「禅と生の技法」は、学部生の間で高い人気を集めているという。

日本人は「無宗教」の人が多いと言われるが、ロブソン教授は、私たち日本人の日常生活、経済活動の至るところに宗教が溶け込んでいることを教えてくれる。日本人の価値観をまさに再発見するインタビューとなった。

（2018年10月16日　インタビュー）

日本人は無宗教なのか

――文化庁がまとめた２０１７年度の宗教統計調査によれば、日本における神道の信者は８４７０万人で、仏教の信者は８７７０万人です。[*1] 日本の人口が１億２０００万人であることを考えると、ほぼ全員が何らかの宗教を信仰していて、両方を信仰している人も多数いることになります。一方、アメリカのピュー・リサーチセンターの調査によれば、57％の日本人が「無宗教」と答えています。[*2] なぜ日本とアメリカで矛盾した調査結果が出ているのですか。

欧米人と日本人とでは「宗教」の定義が違うことがデータの差異にあらわれてきているのだと思います。欧米で「宗教を信仰する」とは、一つの宗教グループに排他的に所属することを意味します。欧米の学者や専門家は長らく日本の宗教を、キリスト教、ユダヤ教、イスラム教など、一神教と同じような形で認識しようとしてきました。しかし神道と仏教が長らく併存してきた日本では、一人の神様だけを信じている人はほとんどいません。

そもそも明治以前の日本には、英語の「Religion」にあたる言葉がありませんでした。「宗教」という日本語が最初に造られたのは19世紀のこと。当時は「Religion」の日本語訳として使われ、主にキリスト教を意味しました。創始者がいて、一人の神様を信じて、聖書があって、そのグループの内部は階層組織になっている――これこそが「宗教」だということになったのです。

欧米から「宗教」という概念が入ってきたとき、日本人は困惑しました。自分たちはキリスト教の信者と同じように一人の神様を信じているだろうかと。自分たちの日常をふりかえってみても、神社の神様も信じているし、仏様も信じている。ということは、きっと宗教を信仰していることにはならないだろう、と考えたのです。それに日本古来の宗教である神道には聖書のような経典はありませんし、創始者もいませんし、ヒエラルキーもありません。また信者が布教活動をすることもありません。これは宗教ではないだろうと。日本人に「あなたはどの宗教を信仰していますか」と聞くと大半の人が「無宗教」と答えるのは、一神教的な宗教活動に参加する人たちこそが宗教の信者だと考えているからです。

「日本人の大半は無宗教」という固定観念がある欧米の学者が日本を訪れると、日本人の行動や生活がとても「宗教的」なことに驚きます。日本人は無宗教だと聞いていたのに、実はものすごく宗教的な国民ではないかと。家の中には神棚と仏壇があり、毎朝、神棚にお祈りしては、仏壇に線香をあげる。正月や七五三には神社に行き、親族が亡くなれば、仏式で葬式を行う。レストランの入り口には、三角錐形や円錐形の盛り塩が置いてある。日本中、あるいは、日本人の日常生活の至るところに宗教の影響が見られるのです。

多くの日本の人々は、自分のことを無宗教だと思っているようですが、日常生活を見ていると、アメリカ人よりも宗教的な伝統をたくさん取り入れているのに気づきます。

アメリカでは約8割の人が「自分は○○教を信仰している」と言っていますが[*3]、宗教に関わる時間は日常生活から切り離されています。日本のように日々の生活に溶け込んでいません。教会に行くのは1週間、1ヵ月、あるいは1年に1回行くだけ、という人がほとんどです。そのほかの時間は宗教とは全く関係のない生活をしているのです。

――日本人は神道と仏教をどのように使い分けてきたのでしょうか。

仏教が日本に伝来したのは6世紀。その後、1000年以上にわたって徐々に神仏習合が進みました。神仏習合であった期間がとても長いため、日本人は神道と仏教を明確に分けることをせず、日常生活の中に併存させてきたのです。先ほど申し上げたとおり、神道も仏教も宗教であるとは思ってもいませんでしたし、神仏習合の時代は今とはもっと違った形で神仏の教えが日本人の間に浸透していました。「神道と仏教は別々のものとして区別しなくてはならない」と考えられるようになったのは、明治維新後、神仏分離令が出されてからです。

現在、日本人は神道と仏教を目的によって使い分けていると思います。自分や家族の「現世利益」をお祈りするときは神社へ、葬式や法事など「死後」に関わる行事があるときには寺に行く、という人が多いのではないでしょうか。神道も仏教も日本人の日常生活の中に深く根ざしていることに変わりはありません。

ものづくりの精神を支える神道と仏教

――明治時代以来、日本は製造業を中心に経済成長を遂げてきました。そもそもなぜ日本人はものづくりが得意なのでしょうか。

日本人は伝統的に「ものには魂が宿っている」と考えますから、ものを大切にします。この考え方は神道から影響を受けていると思います。日本人にとって、ものはただの人工的な物体ではなく、生き物と同じように魂あるものなのです。

日本には、針供養、櫛供養、人形供養など、ものを供養する風習があるでしょう。日常生活や仕事でお世話になったものを簡単に捨てたりせず、人間と同じように葬式を執り行う――これは、日本ならではの慣習です。

日本人はものをつくるときに、ことさら細部と品質にこだわりますが、この特性もまた神道と仏教に深い関係があると思います。そもそもものづくりの起源は、自然の中にある素材で神事や仏事に使う道具や器具をつくったことです。つまり、ものづくりは宗教的な儀式の一部だったのです。

天台宗の回峰行、「千日回峰行《せんにちかいほうぎょう》」で行者が履く草鞋《わらじ》を見たことがありますか。京都・大原の職人が行者のためにつくる草鞋は、驚くほど複雑な構造をしていて、まるで芸術品のようです。「千日回峰行」の行者は7年間、計1000日をかけて、比叡山の山中にある聖地を礼拝してまわります。行者は一日に30キロも歩くので、草鞋を5つも6つも履きつぶしてしまいます。草鞋の寿命はとても短い。でも行者が履き終わった草鞋は美しい。なぜなら、そこにはつくった人の魂と、使った行者の魂の両方がこめられているからです。

江戸時代の臨済宗の僧である円空は、一つひとつ表情も形も大きさも違う木彫りの仏像を多数制作しました。円空には、「仏性はすでにそれぞれの木の中に宿っている。自分の仕事はただ、その仏の姿を外から見えるようにすることだ」という信念がありました。円空にとって、ものづくりとは、自然に宿る魂を理解し、そのあるべき姿を明かしていくことでした。

大工道具の一つ、「玄翁《げんのう》」もまた仏教の言い伝えに由来するものです。この名前からは、大工が仏教文化の担い手であったことがうかがえます。大工にとって、建造物をつくることは、世俗を離れ、宗教的な儀式に携わることでした。つまり、ものづくりとは仏の道を追求することだったのです。その過程で使う道具は、宗教上、極めて重要な意味を持っていました。

なぜ日本企業には神棚があるのか

——日本企業には神仏を敬う文化があります。トヨタ自動車の従業員の行動指針「豊田綱領」には「神仏を尊崇し、報恩感謝の生活を為すべし」[*4]と明記してありますし、多くの日本企業には神社や寺院に寄進する伝統があります。なぜ日本企業はこれほど神仏の教えを重視するのだと思いますか。

それには4つ目的があると思います。第一に、神仏の教えを社員教育に活用するためです。社員が自然の恵み、人々の恩に対して報いるという気持ちを持てば、職場環境や周りの人を大切にするようになります。それが「良き従業員」の育成につながるのです。

第二に安全祈願です。企業にとって最も重要なのは社員とお客様の安全を守ること。役員が神社でご祈禱を受けたり、神主をオフィスや工場に招いて、お祓《はら》いをしてもらうのは、安全祈願のためであることが多いのです。

第三に従業員の連帯を強めるためです。同僚とともに神道や仏教の儀式に参加すれば、結束感が生まれます。トヨタ自動車は蓼科山聖光寺《たてしなさんしょうこうじ》を創建しましたし、パナソニックは本社の一角に神社を設けています。お祈りをすれば、目に見えないものを大切にする精神が生まれます。さらには、自分たちの「製品」には魂があることをあらためて実感し、「細部まで手を抜いてはいけない」と気を引き締める機会にもなるのです。

第四に日本企業が何のために存在しているかを人々に知ってもらうためです。企業がお金や自社製品を神社や寺院に寄進するのは、自然や周りの人々への感謝報恩のためです。寄進は、日本企業が金儲けのためではなく、世の中をよくするために存在することを象徴していると思います。

――日本は世界でも有数の長寿企業大国であり、江戸時代から存続する企業が3000

社以上もあります。なぜ日本企業の経営者はできるだけ長く企業を存続させようとするのでしょうか。

これは、欧米諸国と比べても面白い現象だと思います。その背景には、「会社は創業者が全身全霊を捧げてつくったものであり、創業者の魂がこもったものであるから、それを絶やしてはならない」という気持ちが強くあるように思います。創業者、創業家であればなおさらそうです。

もう１つの要因としては、経営者が「社員は家族の一員なのだから、生涯幸せな人生を送ってもらうのは、会社の責務だ」と考えていることがあげられます。

２０１８年のデータによれば、アメリカ人の平均勤続年数は４年[*5]だそうです。一旦就職してしまえば安泰という時代はとうの昔に過ぎ去っています。

一方、日本にはまだ終身雇用制が根強く残っています。戦後、日本人は国家や企業の成長のため、一丸となって働きました。今でも、日本企業の従業員は、自分がその企業の一員であることに誇りを感じていますし、強い愛社精神を持っています。

和歌山県の高野山を訪れると「企業墓」がたくさんあるのをご存じでしょうか。パナソニック、日産自動車、キリンビール、UCC上島珈琲、ヤクルトなどが、亡くなった社員などを弔うために墓を建立しているのです。

これらの墓は「会社はあなたのことを一生涯、そしてその死後までも忘れずに大切にします」という従業員に対するコミットメントを示していると思います。会社がなくなってしまったら、社員の死後まで面倒を見ることができません。だからこそ日本企業は長く存続することに価値を置くのだと思います。

アメリカで再び禅ブーム

――なぜ、今、アメリカで再び禅がブームになっていると思いますか。

アメリカで本格的な禅ブームが起きたのは、1960年代です。その立役者となったのが「2人の鈴木」として有名な鈴木大拙《すずきだいせつ》と鈴木俊隆です。仏教学者の鈴木大拙は禅についての著書を英文で書き、アメリカで出版するとともに、1950年代には、プリンストン大学やコロンビア大学など全米の大学で精力的に仏教思想や日本文化について講義を行いました。曹洞宗の禅師、鈴木俊隆は、1959年に55歳でアメリカに渡り、サンフランシスコの桑港寺などを拠点に座禅会や講話会を行い、禅の教えを広めることに力を注ぎました。

2人の鈴木の講話や著書をきっかけに、1960年代に全米で禅ブームが起きました。ヒッピーをはじめとするカウンターカルチャーのグループだけではなく、著名な芸術家や文化人にも支持が広がっていきました。現代音楽家のジョン・ケージも鈴木大拙の講演に感銘を受けた一人です。禅の思想は彼の創作活動に大きな影響を与えていきました。

1990年代になるとアメリカ人の関心は、チベット仏教に向かいます。ダライ・ラマ法王が1989年にノーベル平和賞を受賞し、積極的に世界各国を訪問し始めたからです。これを機にしばらく禅への関心は薄れていきました。

そして現在、再び禅ブームが起こっていますが、注目を集めているのは禅そのものの思想ではなく、マインドフルネスです。マインドフルネスとは「意図的に、今この瞬間に注意を向けること」。マインドフルネスは宗教性を排除していますから、ワークショップで瞑想している人たちは、マインドフルネスの意味も仏教との関わりも学ぶことはありません。マインドフルネスは仏教の座禅から派生した、ということを知っているぐらいです。そういう意味では、禅は1960年代とは全く違った形で興味を持たれているのです。

――ロブソン教授はハーバードで「禅と生の技法」という授業を18年間、教え続けていますが、学生の禅に対する興味も変わってきていますか。

「禅と生の技法」は大学1年生を対象とした講座で、定員12人に対して、毎年120名ほどの応募があります。この講座では、映画を見たり、ケンブリッジ禅センターで座禅をしたり、茶道を体験したりしながら、禅の歴史、思想、修行などについて学んでいきます。

18年前、学生は皆、授業を受ける前から鈴木大拙の『禅学への道』を読んでいて、禅についての知識もある程度持っていたものですが、今の学生は、鈴木大拙も鈴木俊隆も知りません。マインドフルネス、スティーブ・ジョブズやフィル・ジャクソンを通じて興味を持ったという人が大半です。特に『スティーブ・ジョブズ』を読んで、禅が彼の考え方や製品に多大な影響を与えたことを知り、もっと禅について知りたいと思って受講した、という学生が多いですね。

フィル・ジャクソンは、プロ・バスケットボールチームの監督としてNBAファイナルで11回も優勝した名指揮官です。シカゴ・ブルズ時代は、マイケル・ジョーダンのコーチもつとめていました。フィル・ジャクソンは、アスリートの才能を最大限に引き出すために、コーチングに禅の思想を取り入れていることで広く知られています。

面白いことに、ハーバードのアメリカンフットボール部、バスケットボール部、水泳部、陸上部などに所属するアスリートがよく私の授業を受講しています。フィル・ジャクソンの影響で、禅がメンタルや集中力の強化に役立つと期待しているようなのです。

禅に傾倒したスティーブ・ジョブズ

――禅はスティーブ・ジョブズにどのような影響を与えたのでしょうか。

スティーブ・ジョブズは1974年にインドを訪問したことを機に、ヨガナンダの

『あるヨギの自叙伝』を読み、感銘を受けました。そこから禅に傾倒し、曹洞宗の知野《ちの》(乙川《おとがわ》)弘文《こうぶん》から禅の教えを学びます。ジョブズは鈴木俊隆とも面会しており、『禅マインド ビギナーズ・マインド』を熱心に読んでいたそうです。

『禅マインド ビギナーズ・マインド』は鈴木俊隆が1970年に出版した法話集です。鈴木俊隆が説く禅の教えは、ベイエリアの若者やヒッピーから起業家になった人たちに支持され、彼らの精神的支柱になりました。

この本が伝えているのは、ビギナーズ・マインド、つまり、「初心」の大切さです。鈴木俊隆は「初心者の心には多くの可能性があります。しかし専門家といわれる人の心には、それはほとんどありません」[*6]といいます。つまり、初心とは空の心のこと。どんなことでも受け入れる用意がある、どんなことにも開かれている心のことです。自分は専門家だと思ってしまうと、「私はこれこれについて知っている」と満足してしまい、次の学びへの心は閉ざされてしまいます。いかなるときも智慧を求めるのが初心です。

鈴木俊隆はまた、「多くのアメリカ人が哲学や教えとしての仏教に注目して、理論化しようとしますが、それは意味がない」とも言っています。仏教においては、ただ人生を体験することに意味があるからです。

鈴木俊隆は、いかなるときも初心を忘れてはならないと教えます。初心は日々の行動の一つひとつに意味を与えてくれます。一つひとつの行動はすべて、悟りをもたらします。

いちばん難しいのは、毎日の家事や仕事のルーティンワークなど、同じことを何回もやらなくてはならないときに、初心者の心を持ち続けることです。部屋の掃除一つをとっても、「部屋の掃除をしなくてはならない」ではなく、「部屋を掃除するという修行の機会を与えられた」と考えるのです。

スティーブ・ジョブズは「旅の過程にこそ価値がある」という格言をよく使っていましたが、これもまた、鈴木俊隆から影響を受けていると思います。鈴木俊隆は講話で「何かを達成することではなく、その過程で努力し続けることが大切なのだ」「肝心なことは旅の過程を楽しむことであり、目的地にたどりつくことではない」と述べています。

スティーブ・ジョブズにとって、禅は会社を経営していく上での指針でした。物質主義に惑わされて本質を見失うことのないように、あえて禅をビジネスに取り入れていたのです。

またジョブズは禅を製品のデザインにも適用しました。ミニマリズムを取り入れ、ゴタゴタとした付加機能をつけるのをやめて、シンプルで美しい製品をつくりました。禅はテクノロジーの世界と親和性が高く、ジョブズのほかにも、ソフトウェアシステムを築いていく、コードを書くといった過程で、美や洗練性を追求する人が続出しました。

近年、グーグルやインテルなどのIT企業は、マインドフルネスの研究に資金を出し、瞑想のワークショップを開催していますが、その動機はスティーブ・ジョブズのそれとは根本的に異なるものです。企業がマインドフルネスを推奨するのは、従業員により効率的に、より創造的に働いてもらうためです。「社員にマインドフルネス瞑想を実践してもらえば、人とは異なる発想ができて、新しいアイデアがひらめくかもしれない」という極めて実利的な目的で瞑想を研修に取り入れているのです。

また最近では、企業名にZENを入れるのも流行しています。最も有名なのは、ゼンデスクですが、ゼンモバイル、ゼンテクノロジーズ、ゼンセキュリティーなど、枚挙に暇がありません。これらの企業の創業者もまた実用的な動機で「禅」という言葉を利用していると思います。自分たちの企業が秩序だっていて、その製品はアップル製品のようにシンプルで美しいことをアピールするために、ＺＥＮで始まる社名をつけているのです。

世界が驚嘆したワールドカップでの清掃

――日本人にとって「清掃」は生活の一部となっています。学生は放課後に教室を掃除しますし、剣道や柔道をならっている子どもたちも練習の前や後に道場を掃除します。これもまた禅の影響でしょうか。

清掃をする習慣もまた禅と深い関係があります。修行僧の一日のスケジュールは、起床、朝の座禅、朝のお勤め、朝ごはん、座禅・作務《さむ》・講義、昼のお勤め、昼ごはん、座禅・作務・講義、晩のお勤め、晩ごはん、夜の座禅、就寝*7という流れになっています。

この中の作務とは、禅寺で修行僧が行う肉体労働のこと。作務には廊下を雑巾がけしたり、庭をはいたりする清掃作業も含まれます。つまり、清掃が毎日のスケジュールの中に必ず組み込まれているのです。

欧米人は何ごとも実用的に考えますから、日本の寺で作務の光景を目にすると不思議に思います。「床は十分ピカピカなのに、なぜさらに雑巾がけをするのか」「庭には落ち葉一つ落ちていないのに、なぜほうきで掃くのか」と。しかし、汚れているか汚れていないかがポイントではないのです。重要なのは、作務を修行の一環として考えることです。ある曹洞宗の禅師は、「床を磨くのは、床をきれいにするためだけではない。あなたの心をきれいにするためなのだ」と言っています。

日本の清掃を尊ぶ文化は神道にも由来します。神道では「けがれは災いを引き起こす」と考えますし、祓いは神事の一つにもなっています。それゆえ日本人は「清浄感」を重視します。日本人が環境に対して強い責任感を持っているのも、学校清掃を教育に取り入れているのも、神道の影響からです。

「日本人の中には、「整理整頓と清掃は日本国民としての義務だ」と考える人もたくさんいます。「2018FIFAワールドカップ ロシア」で、日本チームを応援していた観客はスタンドのゴミを持ち帰り、日本代表選手はロッカールームを完璧に清掃して帰りました。これは日本人にとっては当たり前のことかもしれませんが、私たち欧米人にとっては驚くべき光景でした。

実は私の授業でも、学生に清掃を体験してもらうこともあるんですよ。禅の授業を教えていると、学生は口々に「自分も修行してみたい」と言います。強く希望する学生にはニューヨークの禅センターで修行体験をしてもらうこともあります。

ある学生は、ニューヨークから帰ってくるなり私のところに来て、興奮した調子でこう言いました。「『修行』を体験できると聞いていたので、座禅をするのかと思っていたら、バスルームの掃除ばかりやらされて、かなり不満を募らせていました。ところが掃除をしているうちに、夢中になってしまい、最後は我を忘れるほどでした」。これを聞いて私は、「彼は修行の本質を学んだな」と思いました。学生に清掃が修行の一環であることを実感してもらうのはとても大切なことだと思います。

ジェームス・ロブソン

ハーバード大合格者と掃除の不思議な関係

――アメリカには日本のように日常的に掃除をする習慣はありません。それでも清掃の価値を学ぶことは大切だと思いますか。

一般的に欧米人は清掃を「清掃業者や使用人が行う仕事」として認識していて、自分がやるべき仕事だとは考えません。自分の環境は自分で美しくすべき、という考え方をしないのです。ゴミを平気で道に捨てたり、壁に落書きをしたりするのは、誰かが掃除をしてくれると思っているからです。こうした習慣は、欧米各国に長期的な環境問題を引き起こしています。

私自身は、自分で掃除をする習慣は、良き地球市民となるためにも、リーダーとして成功するためにも役に立つ、と思っています。その一つの根拠がハーバードの学生のライフスタイルです。

ハーバードの学生と接していると「どのような環境で育ったら、こんな風によくできた若者になれるのだろう」と驚くことばかりです。そこで、「自分の育ってきた環境を振り返ってみて、どんな習慣がハーバードに合格するのに役立ったと思いますか」と質問してみると、多くの学生は「親から部屋の整理整頓、洗濯、皿洗いなどを自分でやるようにしつけられたこと」と答えます。

それを聞いて私は「なるほど」と思いました。もし「掃除はしなくていいから、勉強だけやっていなさい」という家庭で育ったら、自己鍛錬の機会も与えられず、自制心を養うこともできなかったでしょう。家の庭や、自分の部屋や、トイレやキッチンを清掃することは、自分の住環境を大切にすることです。それが規律ある生活を送ることにつながるのです。ハーバードの学生は家事労働から多くのことを学んできていると実感しています。

清掃は良き市民としての責務である、という考え方はアメリカにも広まりつつあります。今、私の住んでいるコミュニティーでは、住民が道のゴミを拾う「清掃の日」が設けられています。自分たちの住んでいる地域の環境は自分たちで責任を持って美しくしようという考えから、この活動が始まりました。もちろん中には全く参加しない人もいますが、熱心に参加する人も増えてきています。日本人の清掃習慣はアメリカのコミュニティーにまで影響を与えているのです。

――日本の製造業の現場では、職場環境の向上と効率化のために、3S《エス》（整理、整頓、清掃）、あるいは、5S（整理、整頓、清掃、清潔、躾）をスローガンにしているのをよく目にします。このように清掃を尊ぶ企業文化は、日本の経済成長に貢献したでしょうか。

清掃の経済性を数字で証明するのは難しいですが、清掃をする習慣は、日本人の当事者意識を養うことにつながったことは確かだと思います。職場を自ら清掃する行為は、環境を大切にしていること、会社を大切にしていることのあらわれです。このような当事者意識があったからこそ、日本人は誇りを持って働き、日本経済を成長させることができたのではないでしょうか。

今、この瞬間に集中せよ

――ロブソン教授がハーバードで禅の授業を教え続けている動機は何でしょうか。

初めて禅に魅せられたのは18歳のときです。鈴木俊隆の『禅マインド　ビギナーズ・マインド』を読んだときの衝撃は忘れられません。

鈴木俊隆は「すべての行動は悟りであり、どこにいようとも悟りはある」と言います。野菜を切っているときも洗濯をしているときも、家を掃除しているときも、すべての時間は悟り体験である、と。誰でも子どものころ、親から「ぼーっと座ってないで、何かやりなさい」と怒られたことがあるでしょう。しかし鈴木俊隆は、「何かをやろうとしなくてもよい。ただそこに座っていなさい」と教えるのです。

「どこにいても、何をしようとも、この世に生きている間は、今、この瞬間に集中しなさい。そうすれば人生が意味あるものになる」という教えは、私の人生を変えました。欧米人の宗教観とは全く違っていたからです。宗教を日常から切り離された儀式としてとらえるのではなく、日々の人々との交流や環境との関係の一部として考える。これは私の人生にとっても価値あることだと思いました。

現在、ハーバード大学の学生の多くは、理系の科目を好んで専攻し、IT企業や金融機関に就職します。私の授業も教養科目の一つとして履修しているにすぎず、宗教史の専門家になりたいという学生は少数です。しかし、日本の宗教や伝統について学ぶことは、違った視点から人生を見つめ直す機会となります。日本人の人生観や生き方は欧米人とは異なるものです。それを学ぶことは、物事を多様な角度からとらえ、論理的・客観的に理解するためのスキルを磨くことにもつながります。日本の文化を知って驚いたり、禅に興味を持ったりした経験が、卒業後、充実した人生を送る上で少しでも役に立つことを願っています。

ジェームス・ロブソン

第９講義 日本文学

日本人はなぜ周りの目を気にするのか

サムライから学ぶ人生論

ハーバード大学助教授

デイヴィッド・C・アサートン

David C. Atherton

専門は日本文学・文化（近世文学・演劇）。文学・演劇が日本人のアイデンティティー、コミュニティー、倫理観の形成に与えた影響を研究。大学１年生を対象にした講座「サムライから学ぶ人生論」を担当。

「サムライから学ぶ人生論」はハーバード大学の1年生向けの講座の中でも特に人気の高い授業だ。教えているのはデイヴィッド・アサートン助教授。学生からは「素晴らしいハーバードの先輩」「哲学の授業かと思うほど人生について考えさせてくれる先生」と絶賛されている。

「サムライから学ぶ人生論」と聞くと、日本人は織田信長や徳川家康の一代記を学ぶのだろう、と想像してしまうが、戦国武将は武田信玄と上杉謙信しか出てこない。むしろこの授業では文学や映画に描かれている武士から人生を学ぶことに主眼が置かれている。

アサートン助教授が教える人生論は、ハーバードの学生だけではなく、日本人にとっても多くの示唆を与えてくれる。武士の人生を描いた小説や映画をあらためて見直してみると、私たち日本人は、江戸の武家文化からの影響を深く受けており、武士を理解することは、現代日本人を理解することであることに気づく。

日本人はなぜ世間体を気にするのか。日本人はなぜ官僚主義に陥ってしまうのか。判官贔屓《ほうがんびいき》は武士から受け継いだ特性か。武家文化の視点から、アサートン助教授に解説していただいた。

（2018年10月17日　インタビュー）

サムライとハーバードの学生の共通点

――「サムライから学ぶ人生論」はハーバード大学の学生の間でとても人気のある授業だそうですね。なぜあえて日本のサムライをテーマにしたのでしょうか。

「サムライから学ぶ人生論」はハーバードに入学したばかりの１年生を対象とした講座です。この授業を担当することが決まったとき、学生に自分自身のこれまでの人生を見つめ直す機会を与えるような授業にしたいと思いました。

ハーバードに入学するまでは、大学に合格することをひたすらめざしてきたわけですが、入学した後は新たな目標に向かって歩んでいかなければなりません。ところが、今後、どのような価値観を大切にして生きていくべきなのかについて学ぶ授業は少なく、学生からは「自分の人生について深く考えられるような授業を設けてほしい」との要望も来ていました。そこで、人生論についての授業を開講することにしたのです。ハーバードの学生の多くは、卒業後、リーダーとして周りの人々に影響を与える存在になりますから、1年生のうちに人生の意味や価値について深く考えておくのはとても大切なことだと思いました。

では人生論を教えるのになぜサムライを題材にすることにしたのか。その理由は2つあります。1つは、学生がサムライという存在に強い興味を持っていることがあげられます。漫画、ゲーム、アニメ、映画の影響から、学生はサムライについてそれぞれ独自のイメージを持っています。ところが「戦場で斬り合う」「切腹をする」「主君に忠実である」ということは何となく知っていても、具体的にどういう人たちだったのかは知りません。その実像と人生を教えれば、さらに好奇心を持ってもらえると考えました。

もう1つは、サムライとハーバードの学生には共通点があることです。両者とも社会の中ではエリートとされる存在です。特権階級であるがゆえに得をすることもありますが、エリートにはエリートなりの苦悩もあります。

どのタイミングでリスクをとるべきか、自分の利益と社会の利益、どちらを優先させて行動すべきか、実利を得るには、どの程度、自分の地位を生かしたらよいのだろうか。こうした問題に直面し、その都度決断していかなければならないのです。授業では、さまざまな武士の人生を題材に、エリートとしての生き方について考えていきます。

信玄と謙信が教える野心よりも大切なもの

――「人生における成功と野心」について考える回では、どのような事例を学びますか。

主に3つの物語を取り上げます。『日本外史』(頼山陽)の中の「武田氏・上杉氏」、『武州公秘話《ぶしゅうこうひわ》』(谷崎潤一郎)、映画『蜘蛛巣城《くものすじょう》』(黒澤明監督)です。これらを題材に、それぞれの主人公の人生に、野心が及ぼした影響について議論していきます。

成功への野心について考えるのに、織田信長や徳川家康を題材にすることもできましたが、あえて武田信玄と上杉謙信を選びました。2人とも名将でありながら、お互いにあまりに尊敬し合っていたがために、天下を統一できなかったところが逆に興味深いからです。

――甲斐の武田信玄と越後の上杉謙信は、ひたすら戦いを繰り返し、互いに消耗していきます。特に「川中島の戦い」では信濃の地をめぐって、12年間、計5回にわたって激しい戦いを繰り広げています。2人にはそれぞれ戦争をするための正当な道理がありました。信玄は領民のため、謙信は信玄に領地を侵略された人々のためです。信玄と謙信は敵同士でありながら、実はお互いを認め合っているという奇妙な関係です。

1573年、病におかされた信玄は息子の勝頼に「自分が死んだら、謙信に助けを請い、この国を託せ」と遺言を残したという話もあります[*1]し、謙信は、信玄の病死の報を受けた際に涙を流して嘆き悲しんだという逸話もあります[*2]。

この2人の関係について、「ライバルなのに、なぜこれほど尊敬し合うことができたのだろうか」と学生は特に興味を持ちます。信玄と謙信の物語からは、信義や公平性を重視する気持ちが、時として「相手を倒したい」「天下を統一したい」という野心よりも勝ってしまうことがあることを学びます。

谷崎潤一郎の『武州公秘話』は、武勇に優れた名将として名高い武州公こと武蔵守《むさしのかみ》桐生輝勝《きりゅうてるかつ》の物語です。武州公が戦場で戦い、敵の首をとろうとしたのは、領土拡大の野望を実現するためではなく、むしろ、倒錯した性的な興奮を得るためでした。戦国時代には名のある敵の武将を討ち取ったら首を持って帰り、女性がその首を洗って、綺麗に化粧して大名に見せるという奇妙な風習がありました。幼いころ、生首を洗っている女性に性的な興奮を覚えたことが忘れられない武州公は、大人になってからも、夢中で首をとったのです。一見、野心的に見える行動の背景には、性的な動機があったことを、この物語は教えてくれます。

『蜘蛛巣城』はシェイクスピアの『マクベス』を原作とした映画です。戦国武将の鷲津《わしづ》武時《たけとき》（三船敏郎）は謀反を起こした敵を討ち、その帰途の森で出会った老婆から不思議な予言を聞きます。やがて予言どおり事が運び始めると、欲望に取り憑かれた妻にそそのかされて主を殺し、自ら城主の地位につきます。ところが結局、自分も部下の兵士に殺されてしまいます。武時の野心的な行動は、「主を殺さなければ、自分が殺される」という恐怖に基づくものです。武時にとって、その予言は重荷でしかありませんでした。

このように授業では、4人の主人公にはどんな野心があり、それは何によって突き動かされていたのか、その動機を分析していくのです。

「たそがれ清兵衛」はサラリーマンだった

――授業では、エリートの地位をどのように生かすべきかについて議論する回もあります。その教材として映画『たそがれ清兵衛』と、勝海舟の父親・勝小吉《かつこきち》の自伝『夢酔独言《むすいどくげん》』を使っていますが、なぜこの2つの作品を選んだのですか。

両作品とも、主人公は幕末に生きる下級武士で、置かれている環境もとても似ています。剣客なのにその能力を発揮する機会はめったになく、生活は貧しく、持っているのはステータスだけ。ですが、2人の主人公の「武士の地位との向き合い方」は対照的です。

『たそがれ清兵衛』の主人公、井口清兵衛《いぐちせいべえ》（真田広之）は、庄内・海坂藩の下級藩士。下城の太鼓がなると、家族の世話と内職のためにすぐに帰宅するため、仲間からは「たそがれ清兵衛」と呼ばれています。その日常はまさに定時で働くサラリーマン。質素で平凡な毎日を送り、武士の地位や特権を活用するような場もありません。世間の人が期待する「武士のあるべき姿」とはほど遠いありさまです。

一方、『夢酔独言』の主人公、勝小吉は、いかがわしい目的のために、武士の地位をやたらと利用します。勝小吉は江戸有数の剣客として有名でしたが、その生き方はどこまでもアウトロー。ゆすり、盗み、詐欺などの悪行を重ねていきます。

授業では、この2人の生き方を対比させることによって、戦がない平和の時代に武士であることの意味をどのように見出していったかを考えていくのです。

――清兵衛と勝小吉は、武士というステータスをどのようにとらえていたのでしょうか。

清兵衛は、武士の地位を重荷に感じていました。毎日、城へ行って仕事をするのが苦痛で仕方がなかった。しかも給料は安く、内職をしなくてはならないほどです。清兵衛の望みは、家族と平和な生活を送ること。できることなら武士の地位から解放されたい、とも思っていました。

勝小吉は、武士の地位を利用するだけ利用しました。面白いのは、悪事を働くためだけではなく、人の役に立つためにも地位を利用したことです。

『夢酔独言』の後半には、勝小吉が地主から頼まれ、大坂へ出向き、農民から未払いの地代をとりたてることに成功した話が出てきます。大坂町奉行と懇意であることを農民に見せつけたり、地代を支払わなければ切腹すると脅してみたり、ろくでなしと思われていた勝小吉が、武士の地位を使って、素晴らしい活躍を見せるのです。

――この2人のサムライの生き方から、学生は何を学ぶのでしょうか。

学生はハーバード大生という地位を特権だと思っている半面、重荷にも感じています。世の中の人たちからは「将来、ビル・ゲイツやマーク・ザッカーバーグやバラク・オバマのようなリーダーになる人たちだ」と見られていますが、全員が全員、政財界のトップをめざしているわけではありません。卒業生である私も、そういう人になりたいと思っていませんでした。

「私は平凡な人生を送りたいのに、家族も周りの人もみんな『すごい人』になってほしいと思っている。この期待にどう応えたらいいんだろう」と悩みを吐露する学生もいます。武士の人生を学ぶことは、こうした学生たちにとって、自分の人生を深く考えるための機会となるのです。

芥川龍之介と森鷗外が問いかける武士の忠義

――明治維新以降、江戸時代の武士の価値観はどのように引き継がれていきますか。

明治維新以降、新政府によって封建的身分制度が廃止されると、「武士」という特権階級はなくなりましたが、武士の価値観をあらためて再評価する動きが出てきます。公式な身分はなくなっても、武士という存在は、創作の世界で生き続けたのです。

新渡戸稲造は英文で『武士道』を書き、森鷗外や芥川龍之介も武士の物語を書きました。

新渡戸稲造が、武士の美徳を「日本人がずっと伝統的に受け継いでいるもの」と見なしたのに対し、森鷗外と芥川龍之介は、「明治時代に生きる自分たちの価値観とは異質のもの」ととらえていました。

ご存じかと思いますが、江戸時代もそれ以前も「武士道」という言葉はありませんでしたし、武士の心得を記した書物もありませんでした。「武士道」は明治維新後に体系化されたものです。日本人とは何か、というアイデンティティーを確立する中でその価値が再発見されたのです。

芥川龍之介の『忠義』と森鷗外の『阿部一族』は、ともに「主君への忠誠」とは何を意味するのかを問いかける物語です。

『忠義』では、精神的な病におかされた主君を持つ2人の家臣、前島林右衛門《りんえもん》と田中宇左衛門《うざえもん》が忠義とは何かを考え、苦悩します。林右衛門は、家名を守ることが忠義だと考え、主君に隠居してもらうよう画策します。宇左衛門は、主君の望みを叶えることが忠義だと考え、登城を実現しますが、主君は城中で人違い殺人を犯してしまいます。結果、林右衛門は自ら屋敷を去り、宇左衛門は縛《しば》り首に処せられます。どちらの方法をとっても忠義が悲劇を招いた、という結論です。

『阿部一族』もまた、忠義に翻弄された家族の物語です、阿部弥一右衛門《あべやいちえもん》が主君の許可なく切腹したことを機に、阿部一族は藩からひどい扱いを受けるようになります。その屈辱に耐えられなかった一族は、藩と戦い、全滅してしまいます。阿部一族は皆、「これが主君への忠誠だ」と考えて行動したのに、結局、死に行き着いてしまったのです。

『阿部一族』を書いた森鷗外はもともと代々津和野藩の典医を務めてきた家の出身です。ヨーロッパに留学し、近代的な知識を持った森鷗外は、ほかにも書く題材はたくさんあったはずです。ところが、50代になってわざわざ、日本の江戸時代を振り返り、武士の物語を書いている。それはあたかも「もし数十年前に生まれていたら、自分もこういう人生を歩んでいたんだろうか」と述懐しているかのようです。この本を読むと、森鷗外が、武士の忠義に重きを置く生き方に対して、距離を置いて、客観的に見ていることがわかります。

これらの物語は、武士にとって忠義こそが生きる理由であり、生死を分ける人生の本質であったことを伝えているのです。

――「切腹」は日本の武士特有の慣習ですが、その動機もまた主君に対する忠誠からでしょうか。

武士が切腹する理由は時代を経て、変遷しています。近世においては、「戦場で敵方の捕虜となる恥辱を避けるため」でしたが、江戸時代では「『切腹しろ』と命じられたから切腹した」というケースが大半でした。切腹は、斬首、投獄などと同じように懲罰の一つにすぎなくなっていたからです。18世紀初頭、赤穂浪士が切腹したのは、名誉を守るためではなく、切腹という懲罰が与えられたからです。

しかも切腹するには主君の許しを得なければなりませんでした。いくら家の名誉を守るために切腹したいと思っても、自分の意志ではできない、という事情もあったのです。

時代とともに変遷してきた日本人の忠誠心

――「忠義」を美徳とする考え方も変遷していますか。

平安時代の武士は、主君に忠誠を誓うことを美徳とは思っていませんでした。『平家物語』を読めばわかるように、武士は主君を裏切ってばかりいます。

「忠義」という考え方が重要視されるようになったのは、戦国時代になってからです。家臣が主君を討つ下剋上の風潮が広がっていて、戦国大名は皆、自分の部下が本当に忠実なのかどうか、疑心暗鬼になっていました。織田信長が明智光秀に裏切られるなんて、誰も想像していなかったことです。そこで、徹底的に家臣に忠誠を強いるようになったのです。

江戸時代になると、武士が戦う機会がどんどん減っていく中で、「武士の役割とは何か」が問われるようになりました。

儒学者・兵学者の山鹿素行《やまがそこう》は武家の百科全書ともいうべき『武家事紀《ぶけじき》』を記し、佐賀藩の武士だった山本常朝《やまもとつねとも》は、元藩士らとともに武士の修養書『葉隠《はがくれ》』を口述しました。武士の定義が確立されていく中で、「武士の第一の義務は忠義である」という考え方が定着し、「忠義」がますます重んじられるようになったのです。

明治時代、新生日本を築き上げていく中で、政府が必要としたのは、国民の「忠義」でした。日本は欧米諸国に追いつかなければならない。そのためには国民が一丸となって、国の発展のために尽くさなくてはならない。こうした風潮の中で、「国民が国のために忠実に働くことこそが美徳だ」という考えが広まっていきました。明治時代、新渡戸稲造が『武士道』を記したのも、時代の要請からだったのです。

デイヴィッド・C・アサートン

——日本人は、他国の人々に比べて、会社や組織に対する忠誠心が強いと言われていますが、これも、忠義を重んじる伝統からでしょうか。

それは江戸時代の武士からの影響です。先ほども申し上げたとおり、江戸時代の武士は、まさに企業の社員と同じような立場でした。大名に奉仕し、大名が給料を払い、昇給・出世も大名が決めました。藩の財政が厳しくなれば、解雇されるリスクもありました。解雇になっても、ほかの藩に転職などできないので、クビにならないようにするには、大名や上司にひたすら忠誠を尽くして、気に入られるしかなかったのです。そういう意味では、とても現実的な理由で、「忠義」が重要視されていたといえます。

江戸時代の武士が何よりも重んじたのは「世間体」

——現代の日本人が武士から受け継いでいる特性はありますか。

武家文化は時代とともに変遷していて、同じ武士でも鎌倉時代の武士と江戸時代の武士とではずいぶん価値観に違いがあるのですが、現代の日本人は、江戸時代の武士からいくつかの特性を受け継いでいると思います。

まず一つめが「義理」を大切にすることです。日本人は対人関係においてとりわけ道理や礼儀正しさを重んじますが、これは武家文化から受け継いでいる伝統です。江戸時代には、我が身を犠牲にしても義理を立てることが美徳とされました。

次に、日本人は「世界から日本がどう見られているか」「自分が周りからどう見られているか」をことさら気にしますが、この習性も江戸時代の武家文化に由来すると思います。

江戸時代の文学には「世間」という言葉がたくさん出てきます。今の言葉でいえば、社会に対する体面、「世間体」のことです。

たとえば、近松門左衛門の浄瑠璃『堀川波鼓《ほりかわなみのつづみ》』には、主人公の鳥取藩士、小倉彦九郎《おぐらひこくろう》が、自分の留守中に不義を犯した妻を自ら討とうとする場面があります。彦九郎がこのような行動をとったのも、世間体を重視したからです。妻が不義をしたという噂《うわさ》はすでに藩内に広まっていて、同僚からは「彦九郎は武士としてこの問題にどう対処するか」と注目されている。どれだけ悲しくとも、武士として正しい行動を世間に示さなくてはならない。そう考え、妻の命を犠牲にすることを決断したのです。

江戸時代の武士には、常に「自分は見られている」という意識がありました。江戸時代は平和な時代です。武士が武士たるゆえんは戦うことなのに戦うべき機会もありません。そのため、「戦っていない自分を世間がどう見ているのか」が気になって仕方がありませんでした。この世間体を気にする習性は、その後、武士から町人や農民にまで広がりました。

現代の日本人の官僚的な特性も江戸の武家文化の産物だと思います。平和な時代、武士の仕事はただひたすら藩の人々を管理することでした。清兵衛のように、毎日城へ行って定時まで働いて家に帰る。城は今でいう役所であり、その内部はまさに官僚組織そのものでした。

しかし、罰則は今よりもずっと厳しく、万が一失敗すれば、最悪、切腹を命ぜられることもありました。そのため、上司にうまく取り入りながら、つつがなく仕事をすることが、武士として唯一、生き残る道だったのです。

さらに、日本の終身雇用制も、江戸時代に由来するのではないかと思います。武士は一生同じ藩の中で仕えなければならず、ほかの藩への「転職」などできませんでした。270年間に及ぶ江戸時代の藩の雇用形態が、現代の日本企業に脈々と受け継がれているのです。

「判官贔屓」は日本人の特性か

――日本には「判官贔屓」という言葉があります。「判官贔屓」とは、弱者や不遇な者に同情し、肩入れしてしまうことです。2018年の全国高等学校野球選手権大会では、秋田県の県立高校、金足農業高校に人気が集まりましたが、これもまた武士から受け継いでいる日本人の特性でしょうか。

それは日本人に限られた特性ではないと思いますよ。英語にも「シンパシー・フォー・アンダードッグ」という言葉があります。直訳すると、「劣勢の犬への同情」になりますが、判官贔屓と同じ意味です。「劣勢の犬への同情」という表現は、闘犬に由来していると思います。大きい犬と小さい犬が戦っていたら、誰でも小さい犬を応援したくなるでしょう。勝ち目のなさそうな弱者が強者に挑戦する姿を見て、肩入れしたくなるのは、人間の自然な心理ではないでしょうか。

たとえば、私の大学時代のルームメートはまさに「判官贔屓」の精神を実践していました。熱狂的なスポーツファンだった彼の日課は、2台のテレビで別々の試合を同時に観戦し、さらにラジオで別の試合の実況を聴くことでした。彼の鉄則は、いかなるときも弱いほうのチームを応援すること。その当時はニューヨーク・ヤンキースが圧倒的な強さを誇っていましたが、絶対にヤンキースを応援することはしませんでした。彼の影響を受けて、気づいたら、私もほかのルームメートも皆、すっかり判官贔屓になってしまったほどです。弱小チームが勝つとうれしくなり、これがスポーツを観戦する醍醐味か、と思ったものです。こんな風に、強者に挑む弱者を応援したくなる気持ちは、日本人が思っているよりも世界共通の現象だと思います。その国々の文化によって表現が違っているだけではないでしょうか。日本では「判官贔屓」でアメリカでは「劣勢の犬への同情」「劣勢の犬への応援」となる。しかし「『判官贔屓』は日本人独自の特性ではないか」と熱心に議論するところが、いかにも日本人らしいと思います。

コラム　日本に魅了された学生たち②

サムライのイメージを変える『平家物語』

デイヴィッド・アサートン助教授の「サムライから学ぶ人生論」を受講する学生の間で人気のある武将は誰なのだろうか。インタビュー前、織田信長、真田幸村、宮本武蔵などの名前があがることを想定していたが、学生はゲームやアニメの中のキャラクターとしてのサムライは知っていても、実存した武将についてはほとんど知らなかった。

そこで授業で習ったばかりの『平家物語』の登場人物の中で、好きなサムライを聞いてみることにした。学生が読むのは、主に九の巻。「宇治川先陣《うじがわのせんじん》」「木曽最期《きそのさいご》」「敦盛最期《あつもりのさいご》」などを題材として、「手柄を立てる」「名を上げる」「名誉のために華々しく自害する」という行動から、武士の価値観を学んでいく。学生それぞれ、お気に入りのサムライが違っているのがとても興味深い。

アメリカ人のサム・シャーフスティンさんは、宇治川の戦いで活躍した佐々木高綱《ささきたかつな》に魅力を感じたという。佐々木は木曽義仲の追討のため、源頼朝の挙兵に参加し各地で転戦。１１８４

年、ライバルの梶原景季《かじわらかげすえ》と宇治川で先陣争いをし、勝利をおさめた。

「佐々木が機転を利かすシーンがとても好きです。梶原を追いかけているときに後ろから『梶原殿！この川は西国一の大河です。馬の腹帯《はるび》がゆるんで見えますぞ。お締めあれ！』[*1]と声をかける。そして梶原が締め直しているすきに一気に逆転する。『こういう方法もあるんだ』と感心しました。佐々木が勝ったのは『先陣争いを制して名を上げたい』という野心と『誰よりも先に主君のために敵と戦いたい』という忠誠心が梶原よりも強かったからだと思いました」

韓国人のキム・ジュンヨンさんは、今井四郎兼平《いまいのしろうかねひら》を挙げる。

今井は木曽義仲の家臣で乳兄弟。１１８４年、源頼朝方の軍勢と戦って敗れ、逃げている間にどんどん味方も減っていき、近江でとうとう木曽と今井の2人だけになってしまう。もうだめだと思った今井は、義仲に名誉の自害を勧め、自らは50騎ばかりの敵陣に一人飛び込む。ところが義仲は自害の前に敵に討たれ、それを知った今井も自害する。『平家物語』の「木曽最期」に描かれているシーンだ。

「今井は木曽が名誉の自死を遂げられるように、命をかけて戦いました。一人になっても、何十騎という敵陣に飛び込んでいきました。最期まで主君に忠実に、勇敢に戦い続ける姿は、サムライの中のサムライだと思いました。また主君が討たれてからすぐに自害したのも、武士としての生き方を貫いたからでしょう。最も武士らしいという意味で、『平家物語』の登場人物の中では今井がいちばん好きですね」
熊谷《くまがえの》次《じ》郎《ろう》直実《なおざね》を挙げたのは、中国人のリン・ケンさんとアメリカ人のダラ・バドンさん。熊谷は源平合戦で一騎当千とされた武将。源頼朝に仕え、一ノ谷の戦いで平《たいらの》敦盛《あつもり》を討った話は有名だ。

　合戦に破れた平家は散り散りになり、熊谷は敗残兵を追っていた。船に乗るために海に向かうだろうと考えた熊谷は、磯のほうへ向かう。そこにまさに船へと馬を進めていた敗残者を見つける。一騎打ちとなり、熊谷が勝つ。首をとるために、相手の顔を見ると、美しい少年だった。熊谷は自分の息子のことを思い出し、少年を助けようとする。しかし、ここで助けても、結局別の源氏の軍兵に討たれてしまう、と考え、泣きながら少年の首を斬る。のちにこの少年が平清盛の甥、平敦盛であったことを知る。

　リンさんは、熊谷の話を読んで、サムライのイメージが変わったという。
「サムライは冷血で、容赦ない人たちだと思っていましたが、一ノ谷の戦いのシーンを読んでそのイメージが変わりました。熊谷が敦盛を討つまでの過程は読み進めるのがつらくなるほどでしたが、情けや慈悲を示すところが、とても感動的でした」

　バドンさんもまた、人間愛にあふれるやりとりに惹かれた。
「熊谷が敵である少年と少年の父親に対して思いやりを示すシーンに心をうたれました。特に

『この殿の父親は「討たれた、首を取られた」と聞いたらどれほど歎《なげ》かれることか！』[*2]という場面です。敵を討って名を上げたいという野心と、敵も自分と同じ父であり子であると思う人間性。その両方をあわせもっているところに共感しました」

ハーバード大学を卒業したら、作家になりたいというダラ・バドンさんは『平家物語』を読んで、日本文学の奥深さに魅了されたという。

「『平家物語』は源氏と平家の戦いを舞台に、人間の生と死をダイナミックに描いていますが、アメリカ文学でこのような大きなテーマを描いた作品はあまり見たことがありません。日本文学の特徴は、世界に共通する普遍的なテーマを描いているところだと思います。そこが私たちアメリカ人に新しい視点を与えてくれます」

第10講義 **比較文学**

日本人はなぜ物語の結末を曖昧に描くのか

村上春樹と東野圭吾が世界で愛される理由

ハーバード大学教授
同大学アジアセンター所長

カレン・L・ソーンバー

Karen L. Thornber

専門は比較文学。世界文学、東アジア諸国から環インド洋地域の文学・文化を幅広く研究。グローバルな視点で日本文学を分析し、執筆、講演を行う。主著に『動的テクストの帝国』*1『エコアンビギュイティ——環境危機と東アジア文学』*2。

現代ほど、日本の文学が世界で読まれている時代はないという。特に中国、韓国をはじめとするアジア各国では空前の日本小説ブームが起きている。書店には、村上春樹、東野圭吾を筆頭に、日本人作家の小説の翻訳版がずらっと並んでいる。

ニュースでは連日、中国、韓国との外交問題が取りざたされていて、関係悪化も懸念されている。しかし、こうした政治の動きとは裏腹に、文学の世界において、日本とアジアはますます緊密になりつつある。

実は、同じような現象が過去にも起きている。それが20世紀前半だ。当時、日本文学が東アジアに与えた影響を比較文学の観点から分析しているのが、カレン・ソーンバー教授だ。ソーンバー教授の著書『動的テクストの帝国——中国、朝鮮、台湾における日本文学の文化変容』を読むと、帝国主義の時代にいかに日本の文学がアジアの人々に深い影響を与えていたのかを実感する。

文学は、言語、民族、イデオロギーの境界線をいとも簡単に越える。日本は平安時代の『源氏物語』に始まり、数えきれないほどの物語を世界に送り出してきた。ストーリー大国、日本から生まれる文学にはどのような強みがあるのか。なぜこれほどまでに日本の文学は世界から愛されるのか。ソーンバー教授に聞いた。

（2018年10月18日　インタビュー）

なぜ学生は『凍える牙』の女刑事に共感するのか

――ソーンバー教授はハーバード大学の多くの授業で日本文学を教えています。どのような作品が学生に人気がありますか。

ハーバード大学の学生の日本文学に対する興味は幅広いです。村上春樹の小説は常に高い人気を誇っていますし、吉本ばななの小説も依然として注目されています。安部公房の『砂の女』を気に入っている学生もいれば、『源氏物語』に夢中になっている学生もいます。

毎年、学部生向け、大学院生向けにさまざまな授業を開講していて、平均すると3つの授業で日本文学を取り上げています。日本文学を専門に教える授業もあれば、世界の文学の中の一つとして教える授業もあります。履修する学生の目的も多岐にわたります。「日本文学そのものを深く研究したい」という学者志望の学生もいれば「教養の一つとして学んでおきたい」という学生もいます。

――現在、どのような授業で、どんな日本文学を教材として取り上げていますか。

２０１８年秋から２０１９年春にかけては、「世界の犯罪小説」「文化を超える着想と小説創作」「文学と医学」という3つの授業で日本文学を教えています。「世界の犯罪小説」は、大学1年生向けの少人数セミナーです。この授業では、犯罪小説を通じて社会問題について考えていきます。国、社会、地域はどのように社会問題に取り組んでいくべきかを議論する入り口として文学を使っているのです。犯罪小説は社会問題を見る上で、新たな視点を与えてくれます。

この授業では、乃南《のなみ》アサの『凍《こご》える牙《きば》』を取り上げています。この作品を教材にしている理由は2つあります、1つは、毎年、学生から高評価を得ていることと、もう1つは日本の刑事司法制度の課題だけではなく、職場における男女格差の問題も浮き彫りにしていることです。

――日本のミステリー小説の主人公は男性であることが多いですが、『凍える牙』では女刑事が大活躍しますね。主人公の音道貴子《おとみちたかこ》は、警視庁刑事部第3機動捜査隊の刑事で、短大を卒業してから、白バイ隊員となり、刑事に転じた苦労人です。夫には浮気をされ、男性刑事からは嫌みばかり言われて、つらいことばかりなのに、それにめげることなく、事件を解決していきます。

『凍える牙』はオープニングとエンディングがとても超現実的で、独創的な作品です。深夜のファミリーレストランで突然、男性の体が炎上するシーンから始まりますし、通常のミステリー小説のような終わり方もしていません。このような独特な作風にもかかわらず、学生はこの小説が投げかける問題を理解し、貴子の人間としての強さを高く評価しています。

男性刑事は貴子が女性であるというだけで、偏見の目で見ていて、彼女が重要な事実を見つけても「女が言うことなんて」と聞く耳を持ちません。しかし、貴子はあらゆる偏見や障害を乗り越えて、やるべきこと、やらなくてはならないことをやり抜いていきます。その姿に女子学生だけではなく、男子学生も共感するのです。

医学部志望者の価値観を変える日本の小説

カレン・L・ソーンバー

――「文化を超える着想と小説創作」「文学と医学」では、どんな日本の小説を読んでいきますか。

「文化を超える着想と小説創作」は、大学院生向けのセミナーです。この授業では、多和田葉子の『ゴットハルト鉄道』と『文字移植』を読みます。

多和田葉子は、ベルリン在住で、日本語とドイツ語の2言語で小説を書いている作家です。『ゴットハルト鉄道』と『文字移植』には国・文明・性などの既存の領域を超えた世界が描かれています。

この2つの小説には、文化を超える小説を書く際に必要な要素がたくさんつめこまれています。ほとんどの学生は日本語を読めないので、英語版を読んでいますが、多和田作品は学生の間でとても人気があります。

「文学と医学」は毎年約100名の学生が履修している授業です。その多くは医学部志望の学生で、良い医師になるための教養を身につけるために、私の授業をとっています。授業では有吉佐和子の『恍惚《こうこつ》の人』、水村美苗《みずむらみなえ》の『母の遺産——新聞小説』、渡辺淳一の『花埋《はなうず》み』を教材にしています。

『恍惚の人』と『母の遺産——新聞小説』はともに認知症の高齢者を介護する女性を主人公とした物語です。前者は1972年、後者は2012年に出版されていますが、この2作品を読めば40年経っても介護に関わる問題が何も解決していないことがわかります。

——『恍惚の人』の立花昭子《たちばなあきこ》は、舅の立花茂造を、『母の遺産』の平山美津紀《ひらやまみつき》は、実母の紀子《のりこ》を介護しますが、2人とも家族の世話に忙殺されていきます。自分の人生を楽しむ余裕すらありません。

これらの作品は、今も昔も介護をする人たちには十分なサポートが与えられていない、という現実をつきつけます。これは、日本だけではなく、アメリカや他国の人々にとっても、重要な問題なのです。

『花埋み』は、明治時代に日本最初の女医となった荻野吟子《おぎのぎんこ》の生涯を題材とした作品です。主人公の吟子は、さまざまな偏見と障害を乗りこえて医師の資格を得ていきます。

この3作品はほかの授業でも取り上げることがありますが、患者、患者の家族、医療従事者が直面する問題を扱った小説は、医師を目指す学生が「健康とは何か」「癒やしとは何か」を洞察する上で、格好の教材となるのです。

――「文学と医学」の授業は多くの学生の考え方を変えるそうですね。

医学専攻の学生は、解剖、科学、医療技術などは学んでいますが、医療現場で働くこと、医師になることが、病を得た人々やその家族の人生にどのような影響を与えるのかについて深く考察するような授業は受けてきていません。

医師の仕事は治療を施すだけではありません。患者とその家族とのコミュニケーションも医師の大切な仕事なのです。どのように病状を伝えるか、末期症状であることを伝えるのに最善の方法はあるのか、文学を教材に考えていきます。

受講した学生からは、「この授業で人生観が変わった」「医師になることの意味がよくわかった」「治療することと癒やすことの違いがわかった」などの感想が寄せられています。

――「治療する」と「癒やす」はどのように違うのですか。

医師は、手術や投薬によって、患者を治療することはできますが、癒やすことはできません。

家族の中に病人がいれば、ほかの家族にさまざまな負担がかかります。それがやがて家族の絆に深い亀裂をもたらすこととなります。患者の中には、家族から「これ以上面倒みきれない」と見捨てられる人もいれば、脳の病気で危険行動を起こしてしまったために非難される人もいる。がん患者の中には、手術でがんを取り除いた後に、医療費が支払えず、家を売ることになったという人もいます。がんは治療できたとしても、家を失った悲しみから癒やされることはないのです。

医師をめざす学生にとって、患者を「病を持った物体」としてではなく、生身の人間として見ることの必要性を学ぶことは、とても大切です。スタンフォード大学のエイブラハム・バルギーズ教授は、患者のデータがコンピューターの中にどんどん蓄積されていき、やがてアイコンのように扱われていく様子を「iPatient」[*3]（アイペーシェント）と呼んでいますが、今、患者のiPatient化は米国で大きな問題になっているのです。病院に行くと、患者と目を合わせることもなく、コンピューターの画面を見ながら、機械的に質問し、ひたすらデータを入力する、という医師も増えてきています。もちろん記録を残していくことも重要ですが、もう少し患者の気持ちを考えるべきでは、という意見も聞かれます。医師が少し行動を変えるだけで、患者は「自分は物体ではなく人間として診察してもらっている」と感じられるものです。

世界各国で続々と翻訳されている日本文学

――日本初の長編小説『源氏物語』が生まれたのは平安時代です。世界の文学史の中で最も日本文学が読まれた時代はいつでしょうか。

統計データがないので断定はできませんが、おそらく現代ではないでしょうか。ＩＴ

技術の進化とともに、情報が国境を越えて行き交うようになり、国外の文学についての知識も手に入りやすくなりました。日本の小説が、新聞、雑誌、ネットニュースで紹介されていたり、テレビドラマ、アニメの原作になっていたりすれば、どんな作品なのか気になるし、読んでみたいと思うでしょう。

中国の書店に行けば、『源氏物語』から夏目漱石、村上春樹の小説まで、ずらっと書棚に並んでいて、中国人がものすごく日本文学に興味を持っていることがうかがえます。そのほかのアジアの国でも日本の小説は人気を集めていて、近年ではウルドゥー語やベトナム語にも翻訳されています。これは日本文学の発展にとっては喜ばしいことです。

――著書『動的テクストの帝国』では19世紀後半から20世紀前半にかけて、日本文学がアジア諸国に与えた影響について詳述しています。

この本を執筆するために、膨大な研究をしましたが、帝国主義の時代、日本の文学はアジアの国々でとても熱心に読まれていたことがわかりました。中でも最も興味深かったのは、中国、朝鮮、台湾の作家が日本文学から学んだことを自分の作品に積極的に取り入れていたことです。日本の統治下で「しようがなく」そうしていたわけではありません。日本の文学を自らの文化のコンテクストに照らし合わせて、再構築しているのです。

『吾輩は猫である』に触発された魯迅

――19世紀後半から20世紀前半にかけて、日本は台湾、朝鮮半島、中国の一部へと領土を拡大していきました。日本の統治下にあった人々にとって、日本語や日本文学は「強制的に学ばなくてはならないもの」ではなかったのでしょうか。なぜ作家は自らの作品に日本文学からの影響を反映させたのですか。

その理由の一つは、多くの作家が日本に留学した経験を持っていたことです。20世紀初頭、日本はアジアのリーダーでした。アジアの人々は、近代化に成功した日本を「新しいアジアの象徴」として見ていました。当時、中国、朝鮮、台湾から多くの優秀な学生が日本に留学し、主に工学、数学、医学を学びました。その中には、日本の芸術家グループや文学グループと交流したエリートもいたのです。

彼らは日本文学に夢中になり、日本文学の虜になりました。その一人が中国を代表する作家、魯迅《ろじん》です。魯迅は1902年に医学を学ぶために来日し、仙台医学専門学校に中国人留学生第一号として入学しますが、「今の中国に必要なのは文学だ」と思い立ち、作家を志します。

この研究をしていて興味深かったのは、帝国主義の時代、日本とアジアの国々は政治の世界では反目し合うことがあっても、文化の世界では親密な関係を築いていたことがわかったことです。日本の統治そのものには不満を持っていても、日本語を学び、日本文学から学ぼうとしていた文化人がたくさんいたのは、驚くべき現象だと思います。

――たとえば日本文学は魯迅の作品にどのような影響を与えたのでしょうか。

『阿Q正伝《あきゅうせいでん》』には、夏目漱石の『吾輩は猫である』からの影響が見て取れます。まず主人公の設定が似ています。「吾輩」と「阿Q」、ともに名前がなく、社会を批判的に見ていて、物語の最後に死んでしまうところも共通しています。

また、両作品は近代化がもたらした新しい社会を憂いている点でも類似しています。『吾輩は猫である』には、明治維新とともに日本に流入してきたヨーロッパの知識にかぶれ、中身のない議論に夢中になっている人々がたくさん出てきますし、『阿Q正伝』にも、社会の底辺で生きる「阿Q」を見境なく攻撃する人々が数多く登場します。魯迅は、1911年に勃発した辛亥革命で清朝が終わっても、旧社会の悪弊は何も変わっておらず、むしろさらに悪くなっていることを痛烈に批判しているのです。

さらに『阿Q正伝』には『吾輩は猫である』の中のエピソードを参考にしていると思われる箇所があります。たとえば、無一文になった阿Qが畑の大根を4本盗む場面です。これは吾輩が、お椀の中にある雑煮の餅をこっそり食べた話ととても似ています。ところが、同じ食べ物を盗む話でも両作品には違いがあります。『吾輩は猫である』は、この出来事をユーモラスな喜劇のように描いていますが、『阿Q正伝』は、絶望的な出来事としてとらえています。魯迅は、『吾輩は猫である』のエピソードを再解釈し、阿Qの人間的な弱さを際立たせるために使ったのです。

『雪国』が韓国で人気を集めた理由

──『動的テクストの帝国』では日本文学が韓国に及ぼした影響にも言及しています。特に川端康成の『雪国』が1960年代、韓国で人気を集めていたという話は意外でした。『雪国』は、親の遺産で暮らす文筆家の島村と芸者駒子《こまこ》が織りなす物語を美しい風景描写とともに描いた、極めて日本色の強い作品です。1965年に日韓基本条約が締結されたものの、依然として韓国の反日感情は強かったと思われます。なぜこの作品が韓国の人々の心に響いたのですか。

もちろん反日感情を強く持っていた人もいたでしょうが、日本についてもっと知りたいと思った韓国人もたくさんいたのです。

川端康成は1968年、東アジア人として初めてノーベル文学賞を受賞します。ノーベル賞の影響は別として、『雪国』が特に韓国で人気を集めたというのは注目すべき点です。なぜならこの作品は、戦時中、アジアに入植していた日本人の間で「懐郷の情をそそる」と特に人気があった小説だったからです。

『雪国』はなぜ韓国の人々の心をとらえたのか。それは、この作品が、政治や社会の動きとは一切関係のない世界を描いているからだと思います。戦時中、作家は、帝国主義に真っ向から反対する作品は書けませんでした。その中で、川端はあえて『雪国』を書きました。日本の帝国主義からは全くかけ離れた世界の話を書いたところに、当時、日本文学の権威だった川端康成が置かれた複雑な状況が読み取れます。川端康成は、沈黙と現実逃避によって、日本の帝国主義に反対していました。『雪国』が韓国でベストセラーとなったのは、川端康成の代表作であるということに加えて、韓国の人々が川端がこの作品を書いた背景を汲み取ったからだと思います。

「私のために書いてくれている」と思わせる村上春樹

――村上春樹の小説は、中国と韓国で人気が高いですが、その要因もまた小説の中に反戦主義的な姿勢が感じ取れるからでしょうか。『羊をめぐる冒険』には戦時中、満州に赴任し、東アジアの農政を担う人物として期待されたエリート官僚の「羊博士」が登場しますし、『ねじまき鳥クロニクル』には、戦前から戦後にかけて満州国、満蒙国境、シベリアで軍人として過酷な体験をした間宮中尉の話が書かれています。

『羊をめぐる冒険』と『ねじまき鳥クロニクル』が中国と韓国で特に人気が高いのは事実です。『ねじまき鳥クロニクル』には、日本の軍人が加害者となり被害者となる場面が両方出てきます。そこにはかなり残虐な描写も含まれています。しかし、村上春樹作品における戦争の要素は、東アジアの読者をひきつける要因の一つにすぎません。村上作品の中で最も人気のある作品の一つは、依然として『ノルウェイの森』なのです。

——現在、海外で圧倒的な人気を誇っている日本人作家は、村上春樹と東野圭吾です。なぜ両者の作品は世界中の読者に愛されているのでしょうか。

それは、日本だけではなく、世界の人々の心に訴えかける優れた文学だからです。長らく村上作品を英訳してきたハーバード大学のジェイ・ルービン名誉教授は、村上春樹の小説には、「村上さんの頭脳と読者の頭脳がつながる『文学的インパクト』がある」[*4]

と指摘しています。日本のことをほとんど知らない米国人読者でも、登場人物に共感し、「村上は私のために書いてくれている」と思うのです。このような、作家の意識の連続と読者の意識の連続が一致するような体験を夏目漱石は「還元的感化」[*5]と呼んでいます。村上春樹は物語の力を信じています。村上は物語を通じて、人間や社会が抱える普遍的な問題を問いかけます。喪失感や虚無感もその一つです。主人公はしばしば現実と異界を行ったり来たりします。そのうち読者は、超現実的な世界に引き込まれ、この物語が日本を舞台にしていることさえ忘れてしまうのです。

ノンフィクション作品も同様です。『アンダーグラウンド』はオウム真理教による地下鉄サリン事件の被害者や関係者に、村上自身がインタビューし、その証言を記録したものです。61人の体験を一人ひとりの物語として伝えたことによって、世界の人々はこの事件の本質を理解し、あらためて関心を持ったのです。

世界の読者を驚かせる『容疑者Xの献身』の結末

――東野圭吾の『容疑者Ｘ《エックス》の献身』は、天才数学者である石神哲哉が、隣人の花岡靖子が元夫を殺害したことを知り、完全犯罪を企てる物語です。靖子は、離婚後も元夫につきまとわれて、困り果てていますが、警察は何もしてくれません。一方、石神は、高校教師の職に甘んじていて不遇の日々を送っています。なぜこの作品はこれほど世界の読者を魅了しているのでしょうか。

東野作品にも、世界中の人間が共感できる大きなテーマが根幹にあります。そのプロットは秀逸で、物語が進めば進むほど読者は登場人物に共感し、東野圭吾が問いかける問題について深く考えることになります。

米国人の作家、オースン・スコット・カードは「『容疑者Ｘの献身』の結末に、読者は満足すると同時に落胆するだろう。石神は私たちの道徳観で『悪者』とされてきた人たちとは、正反対のキャラクターだからだ」と分析しています。また、イギリス人の作家、ジャクリーン・ウィンスピアは「東野圭吾は知的な心理戦をはりめぐらせる。その結末は巧妙であり、誰も想像がつかないだろう」と評しています。

『容疑者Ｘの献身』は、夫による暴力に苦しむ女性とその人を愛する男性を描くことによって、「有罪と無罪」「善と悪」を分けるものは一体何か、自分たちが信じてきた基準は間違っていたのではないか、という大きな問題を問いかけているのです。

教材としても面白い『コンビニ人間』

――村上春樹、東野圭吾のほかにも、村田沙耶香、中村文則、青山七恵、小山田浩子などの小説が海外で高く評価されていると聞きます。中には日本よりも国外のほうが人気があるのではないかと言われている作家もいます。なぜこれらの作家の作品は外国の人々に支持されているのでしょうか。

確かに自国よりも国外のほうが人気が高いという作家はいます。たとえば、2006年にノーベル文学賞を受賞したトルコ人作家、オルハン・パムクはその代表的な例でしょう。村田沙耶香、中村文則、青山七恵、小山田浩子には、一人ひとり独自の作風がありますから、海外で支持されている理由もそれぞれ違うと思います。

最近出版された小説の中で、特に面白かったのが村田沙耶香の『コンビニ人間』です。

現在、海外から日本に来る旅行者は増え続けていますが、その誰もが経験するのが、日本のコンビニエンスストアです。『コンビニ人間』は自国のコンビニしか知らない人でも楽しめる作品ですが、「日本のコンビニ」に行ったことがある人であれば、さらに主人公の働いている空間が理解できて、物語の中に入っていくことができます。

――『コンビニ人間』の主人公の古倉恵子《ふるくらけいこ》は36歳。18歳からずっとコンビニでアルバイトをしていて、その狭い空間の中で自分の存在価値を見出していきます。ハーバード大学で『コンビニ人間』を教えるとすると、どのような点に注目しますか。

この作品がユニークなのは、コンビニの顧客ではなく、店員の視点から日本の社会を描いていることです。『コンビニ人間』を読むと、日本の非正規雇用者の労働環境や「コンビニの店員」が置かれている社会的な地位がとてもよくわかります。まずは日本の社会問題という視点から、この本が投げかけている「周りの人々からの期待に応えることに意味はあるのか」「それはどんな害を人間にもたらすのか」という問いについて考えていきたいです。

次に、文化人類学の視点から分析していくのも面白いと思います。日本のコンビニ文化について専門に研究しているハーバード大学のギャヴィン・ホワイトロー博士は「コンビニは独自の生活世界を築いている。[*6]経済活動を行う空間でありながら、そこには文化がある」[*7]と分析しています。ほかの小説と比較して、『コンビニ人間』だけが見せてくれる世界とはどんな世界か。逆に、『コンビニ人間』の世界観を理解するには、どのような小説を読めばよいか、といったことを議論していきたいです。

最後に翻訳にも注目したいと思います。『コンビニ人間』の英語版のタイトルは、『コンビニエンスストア・ウーマン』です。「人間」が「ウーマン」となったことは、どんな影響をもたらしたか。また、英語版は日本在住のイギリス人翻訳者が訳していますから、アメリカ人読者は違和感を持たないだろうか、などをテーマにしたいです。このように、『コンビニ人間』という小説は、議論の材料につきない作品なのです。

世界から見た日本文学の強み

――比較文学の観点から見て、日本文学の強みは何でしょうか。

何よりもストーリーを伝える力でしょう。ハーバードの学生も「日本文学を読み始めると、いつも読んでいる文学とは構造が違うことに気づく」と言います。この日本独自の物語を伝える手法が、世界の人々に新しい世界を見せてくれるのです。

特に特徴的なのはエンディングです。欧米の小説は、どちらかというと断定的な終わり方をしますが、日本の小説の結末は曖昧なことが多いのです。たとえば、谷崎潤一郎の『蓼喰《たでく》う虫』『痴人の愛』、夏目漱石の『こころ』、安部公房の『砂の女』、村上春樹の『ノルウェイの森』、大江健三郎の『個人的な体験』のエンディングは、私たちには予想もつかないものです。

日本文学の視点は私たちにとってとても貴重なものです。日本の作家の物語を伝える力、日本国外の人々にも共感されるような普遍的なエピソードを語る能力は、日本文学の真の強みでしょう。

――社会問題をテーマとする日本文学にも注目されていますね。

私にとっては、日本文学が、世界全体が直面する普遍的な社会問題を取り扱ってきたことも、大きな魅力でした。これもまた日本文学の強みであると思います。日本の作家は、時として評論家や体制などと対峙しながらも、環境、医療など、世界が抱える課題に真正面から取り組んできました。

戦後、峠三吉《とうげさんきち》や原民喜《はらたみき》などが、原爆の惨禍を訴えた作品を出版したとき、当時の文壇からは「これは文学ではない」「被爆体験は文学のテーマになりえない」と激しく批判されました。何が文学で、何が文学でないのかについてはさまざまな議論があります。その範囲を狭くとらえる人もいれば、広くとらえる人もいます。私は後者で、社会問題をテーマとした作品も文学であると考えています。私が峠三吉の『原爆詩集』を英訳したのもそのためです。*8

授業でも被爆体験を題材とした作品を取り上げています。ほとんどの学生はホロコーストや『アンネの日記』については知っていても、原爆投下に関しては高校の歴史の授業で少し教わった程度です。被害者の立場で書かれた物語など、読んだことすらありませんから、原爆投下が個人の人生や地域全体にどんな影響をもたらしたか、想像もつかないのです。だからこそ、文学が大きな力を持ちます。

小説が必ずしも社会問題の抑止力になるとは限りませんし、病気で苦しむ患者や家族の癒やしになるとも思いません。でも文学にはこうした問題を世界に強く問いかける力があると信じています。

おわりに

2024年から発行される新しい一万円札に、渋沢栄一の肖像画が採用されることが発表されました。渋沢栄一は「日本の資本主義の父」といわれ、明治・大正時代、民間の銀行や企業など、500以上の組織の設立に関与し、日本経済の発展に貢献した実業家です。渋沢は三菱グループの創業者、岩崎弥太郎とともに、日本の工業、運輸関係企業のおよそ3分の2をつくりあげたといわれ、世界的な経営学者のピーター・ドラッカーは「この二人の業績は、ロスチャイルドやロックフェラーよりもめざましい」と評しています。

前著『ハーバード日本史教室』を執筆する過程で、当時、日本を代表する経済人であった渋沢が、欧米の指導者にも臆することなく、堂々と意見を述べていたことを知りました。アメリカのルーズベルト大統領にも面と向かって、移民排斥政策を批判したのは、注目に値します。

渋沢が新しい日本を立ち上げていく過程で深く研究したのは日本の歴史と日本人でした。もちろん欧米や中国の思想についても考察していますが、著書『論語と算盤』では徳川家康、松平定信、西郷隆盛などを取り上げ、彼らがいかにリーダーとして優れていたかを分析しています。

現在、日本政府も日本企業も積極的にグローバル化を推進していますが、グローバル化とは決して、カタカナ言葉やローマ字をたくさん使ったり、西洋かぶれになったりすることではありません。本書でも紹介した夏目漱石の『吾輩は猫である』を読むとその考え方がよくわかります。

結局のところ、グローバル化の時代に問われるのは、日本や日本人のことをどれだけ深く理解しているかです。人生100年時代に入り、これまでと違った生き方が必要だ、とは言いますが、生まれ持ったゲノム配列は変えられないし、文化的な影響も簡単には変えられません。そうだとすると、要は日本人であることをどううまく生かして、幸せに生きていくかが大切になってくるように思います。令和の時代は、日本と外国との間で人、モノ、情報がますます行き交うことになるでしょう。こうした中、この本が日本という国と日本人をよりよく理解するための一助となれば幸いです。

本書の取材に協力してくださった左記のハーバード大学の教授陣には、あらためて感謝の意をお伝えしたいと思います。

David C. Atherton, Mary C. Brinton, Yukio Lippit, Robert A. Lue, David Reich, James Robson, Willy C. Shih, Daniel M. Smith, Karen L. Thornber, Alexander Zahlten（アルファベット順）

また多忙の中、インタビューにご協力いただいたハーバード・カレッジのダラ・バドン氏（Dara Badon）、キム・ジュンヨン氏（Jun-Yong Kim）、リン・ケン氏（Ken Lin）、サム・シャーフスティン氏（Sam Sharfstein）、ハーバード大学大学院のキム・ユソン氏

（Yusung Kim）にもお礼を申し上げたいと思います。

本書の出版に際しては、前作に引き続き、中央公論新社ラクレ編集部の中西恵子氏と「中央公論」編集部の黒田剛史氏に多大なる協力を賜りました。名だたる文豪が登場する本を中央公論新社から出版できるのは、この上ない喜びです。心より感謝申し上げます。

佐藤智恵

二〇一九年五月

注

●**第1講義：アレクサンダー・ザルテン**

*1 Mark Steinberg and Alexander Zahlten, ed., *Media Theory in Japan* (Durham, NC: Duke University Press, 2017).（原題）

*2 "Record Number of Films Produced," UNESCO.
http://uis.unesco.org/en/news/record-number-films-produced

*3「スタジオジブリの歴史」スタジオジブリ公式ウェブサイト
http://www.ghibli.jp/history/

*4 Thomas Lamarre, *The Anime Machine: A Media Theory of Animation* (Minneapolis, MN: University of Minnesota Press, 2009), 7.

*5 Alex Osborn, "Original Ghost In The Shell Director Mamoru Oshii Has No Problem With Live-Action Remake," *IGN.com*, March 21, 2017.
https://www.ign.com/articles/2017/03/21/original-ghost-in-the-shell-director-mamoru-oshii-has-no-problem-with-live-action-remake

●第2講義：ユキオ・リピット

*1 Yukio Lippit, ed., *The Artist in Edo: Studies in the History of Art, vol. 80* (New Haven, CT: Yale University Press, 2018).（原題）

*2 Yukio Lippit, *Colorful Realm: Japanese Bird-and-Flower Paintings by Itō Jakuchū* (Washington, DC: National Gallery of Art, 2012).（原題）

*3 "Colorful Realm: Japanese Bird-and-Flower Paintings by Itō Jakuchū (1716–1800)," National Gallery of Art.
https://www.nga.gov/exhibitions/2012/colorful-realm.html

*4 Ken Johnson, "Teeming With Transcendent Life: 'Colorful Realm,' Works by Ito Jakuchu at National Gallery," *The New York Times*, March 29, 2012.
https://www.nytimes.com/2012/03/30/arts/design/colorful-realm-works-by-ito-jakuchu-at-national-gallery.html

*5 Adrian Higgins, "National Gallery of Art's exhibit on Japanese painting shines," *The Washington Post*, April 18, 2012.
https://www.washingtonpost.com/lifestyle/home/national-gallery-of-arts-exhibit-on-japanese-painting-shines/2012/04/17/gIQAX5TYQT_story.html

●第3講義：デイヴィッド・ライヒ

＊1 David Reich, *Who We Are and How We Got Here: Ancient DNA and the New Science of the Human Past* (New York, NY: Pantheon Books, 2018).（原題）

＊2 Tatiana Zerjal et al., “The Genetic Legacy of the Mongols,” *The American Journal of Human Genetics* 72 (2003): 717-721.

＊3 本来は「星団」という意味だが、右記（＊2）の論文では「ある一人の祖先から遺伝子を受け継いでいる集団」を意味している。

＊4 Hideaki Kanzawa-Kiriyama et al., “A partial nuclear genome of the Jomons who lived 3000 years ago in Fukushima, Japan,” *Journal of Human Genetics* 62 (2017): 213-221.

＊5 従来、ホモ・サピエンスは現生人類のみを意味する学名であったが、現在は、ホモ・サピエンス・ネアンデルターレンシス（ネアンデルタール人・旧人）とホモ・サピエンス・サピエンス（現生人類・新人）の両方を意味する。

●第4講義：ロバート・A・ルー

＊1 後天的影響の75％のうち10％が子ども時代の生活環境、65％が大人になってからの生活環境という説もある。

James W. Vaupel, “The Rise and Future of Longevity,” Mortality and Longevity Seminar, Institute and

Faculty of Actuaries, London, February 25, 2016.
https://www.actuaries.org.uk/documents/evolutionary-processes-shape-age-specific-mortality/

＊2 Yukinori Okada et al., "Deep whole-genome sequencing reveals recent selection signatures linked to evolution and disease risk of Japanese," *Nature Communications* 9 (2018): 1631.
https://www.nature.com/articles/s41467-018-03274-0

＊3 Sunia Foliaki and Neil Pearce, "Prevalence and causes of diabetes of Pacific People," *Pacific Health Dialog* 10 (2003): 90-98.

＊4 Shoji Harada, "Genetic Polymorphism of Alcohol Metabolizing Enzymes and Its Implication to Human Ecology," *Journal of the Anthropological Society of Nippon* 99 (1991): 123-139.

＊5 Javier Delgado-Lista et al., "Long chain omega-3 fatty acids and cardiovascular disease: a systematic review," *British Journal of Nutrition* 107, Supplement 2 (2012): S201-S213.

＊6 Nicolantonio D'Orazio et al., "Fucoxantin: A Treasure from the Sea," *Marine Drugs* 10 (2012): 604-616.

●第5講義：ダニエル・M・スミス

＊1 Daniel M. Smith, *Dynasties and Democracy: The Inherited Incumbency Advantage in Japan*, (Stanford, CA: Stanford University Press, 2018).（原題）

＊2「衆議院議員総選挙・最高裁判所裁判官国民審査結果調」総務省自治行政局選挙部、平成29年10月27日。小数点以下、四捨五入。

*3 「衆議院議員総選挙・最高裁判所裁判官国民審査結果調」総務省自治行政局選挙部、平成26年12月19日。小数点以下、四捨五入。

*4 「衆議院議員総選挙・最高裁判所裁判官国民審査結果調」総務省自治行政局選挙部、平成29年10月、平成26年12月、平成24年12月、平成21年9月、平成17年9月、平成15年11月。

*5 Daniel M. Smith, *Dynasties and Democracy: The Inherited Incumbency Advantage in Japan*, (Stanford, CA: Stanford University Press, 2018), 5.

*6 Ibid., 60.

*7 Abby Vesoulis, "The 2018 Elections Saw Record Midterm Turnout," *TIME.com*, November 13, 2018. http://time.com/5452258/midterm-elections-turnout/

●**第6講義：メアリー・C・ブリントン**

*1 「副業・兼業の促進に関するガイドライン」厚生労働省、２０１８年。https://www.mhlw.go.jp/file/06-Seisakujouhou-11200000-Roudoukijunkyoku/0000192844.pdf

*2 山岸俊男『安心社会から信頼社会へ――日本型システムの行方』中央公論新社（中公新書）、１９９９年、26－53ページ。

*3 メアリー・C・ブリントン『失われた場を探して――ロストジェネレーションの社会学』池村千秋訳、ＮＴＴ出版、２００８年、74－77ページ。

*4 Mark Granovetter, "The Strength of Weak Ties," *American Journal of Sociology* 78 (1973): 1360-1380.

*5 『トウキョウソナタ』、ＤＶＤ、黒沢清監督、メディアファクトリー、２００９年、チャプター１の台詞を一部要約。

*6 同右、チャプター7

*7 Mary C. Brinton and Victor Nee, ed., *The New Institutionalism in Sociology* (New York, NY: Russell Sage Foundation, 1998): 188.

*8 Ibid.

●**第7講義：ウィリー・C・シー**

*1 Gary P. Pisano and Willy C. Shih, *Producing Prosperity: Why America Needs a Manufacturing Renaissance,* (Boston, MA: Harvard Business Review Press, 2012).（原題）

*2 Alan Altshuler, Martin Anderson, Daniel Jones, Daniel Roos and James P. Womack. *The Future of the Automobile: The Report of MIT's International Automobile Program,* (Cambridge, MA: MIT Press, 1984).

*3 Edgar H. Schein, *Organizational Culture and Leadership, 5th Edition,* (Hoboken, NJ: John Wiley & Sons, 2017): 17.

*4 大野耐一『トヨタ生産方式――脱規模の経営をめざして』ダイヤモンド社、１９７８年、ｉページ。

*5 本田技研工業プレスリリース、２００４年10月13日。
https://www.honda.co.jp/news/2004/c041013b.html

●第8講義：ジェームス・ロブソン

＊1「2017年度宗教統計調査」文化庁、2018年。
http://www.bunka.go.jp/tokei_hakusho_shuppan/tokeichosa/shumu/index.html

＊2 “The Global Religious Landscape,” Pew Research Center, December 18, 2012.
http://www.pewforum.org/2012/12/18/global-religious-landscape-unaffiliated/

＊3 “The 2014 U.S. Religious Landscape Study,” Pew Research Center, 2014.
http://www.pewforum.org/religious-landscape-study/

＊4「トヨタ自動車75年史」トヨタ自動車公式ウェブサイト。
https://www.toyota.co.jp/jpn/company/history/75years/data/conditions/precepts/

＊5 “Employee Tenure Summary,” U.S. Bureau of Labor Statistics, September 20, 2018.
https://www.bls.gov/news.release/tenure.nr0.htm

＊6 鈴木俊隆『禅マインド　ビギナーズ・マインド』松永太郎訳、サンガ（サンガ新書）、2012年、32ページ。

＊7「修行僧の1日」大本山永平寺公式ウェブサイトを参照。
https://daihonzan-eiheiji.com/unsui.html

●第9講義：デイヴィッド・C・アサートン

＊1 頼山陽『日本外史（中）』頼成一・頼惟勤訳、岩波書店（岩波文庫）、1977年、217ページ。

*2 同右、２１８ページ。

●コラム２：平家物語

*1『平家物語』古川日出男訳、河出書房新社、２０１６年、５３７ページ。
*2 同右、６０１ページ。

●第10講義：カレン・L・ソーンバー

*1 Karen Laura Thornber, *Empire of Texts in Motion: Chinese, Korean, and Taiwanese Transculturations of Japanese Literature*, (Cambridge MA: Harvard University Asia Center, 2009).（原題）
*2 Karen Laura Thornber, *Ecoambiguity: Environmental Crises and East Asian Literatures*, (Ann Arbor, MI: University of Michigan Press, 2012).（原題）
*3 Abraham Verghese, “Culture Shock — Patient as Icon, Icon as Patient,” *The New England Journal of Medicine* 359 (2008): 2748-2751.
*4「なぜ村上春樹は世界中の人々に『ささる』のか――村上作品の英訳者・ルービン氏、大いに語る」東洋経済オンライン、２０１５年9月25日。
https://toyokeizai.net/articles/-/85403
*5 夏目漱石『文芸の哲学的基礎』講談社（講談社学術文庫）、１９７８年、81ページ。
*6 すべての人々に与えられている具体的経験の世界。

*7 Gavin Hamilton Whitelaw, "Learning from Small Change: Clerkship and the Labors of Convenience," *Anthropology of Work Review* 29 (2008): 62-69.

*8 Sankichi Tōge, *Poems of the Atomic Bomb*, trans. Karen Laura Thornber (Chicago, IL: University of Chicago, Center for East Asian Studies, 2012).

参考資料

●**書籍**
芥川龍之介『芥川龍之介全集1』筑摩書房（ちくま文庫）、1986年
有吉佐和子『恍惚の人』新潮社（新潮文庫）、1982年
太田彩『伊藤若冲作品集』東京美術、2015年
大野耐一『トヨタ生産方式──脱規模の経営をめざして』ダイヤモンド社、1978年
勝小吉『夢酔独言』勝部真長編、教育出版、2003年
川端康成『雪国』新潮社（新潮文庫）、1947年
グラットン、リンダ／アンドリュー・スコット『LIFE SHIFT』池村千秋訳、東洋経済新報社、2016年
斎藤成也『核DNA解析でたどる日本人の源流』河出書房新社、2017年
篠田謙一『日本人になった祖先たち──DNAから解明するその多元的構造』NHK出版（NHKブックス）、2007年
渋沢栄一『論語と算盤』KADOKAWA（角川ソフィア文庫）、2008年
『若冲原寸美術館 100% Jakuchu！』辻惟雄・太田彩監修、小学館、2016年
『若冲への招待』朝日新聞出版編、辻惟雄・岡田秀之監修、朝日新聞出版、2016年
鈴木俊隆『禅マインド　ビギナーズ・マインド』松永太郎訳、サンガ（サンガ新書）、2012年

鈴木俊隆『禅マインド ビギナーズ・マインド2 ノット・オールウェイズ・ソー』藤田一照訳、サンガ（サンガ新書）、2015年
橘木俊詔・参鍋篤司『世襲格差社会』中央公論新社（中公新書）、2016年
谷崎潤一郎『武州公秘話』中央公論新社（中公文庫）、1984年
多和田葉子『かかとを失くして 三人関係 文字移植』講談社（講談社文芸文庫）、2014年
多和田葉子『ゴットハルト鉄道』講談社（講談社文芸文庫）、2005年
近松門左衛門『曽根崎心中・冥途の飛脚 他五篇』祐田善雄校注、岩波書店（岩波文庫）、1977年
中根千枝『タテ社会の人間関係』講談社（講談社現代新書）、1967年
夏目漱石『新装版 吾輩は猫である（上・下）』佐野洋子絵、講談社（講談社青い鳥文庫）、2017年
夏目漱石『文芸の哲学的基礎』講談社（講談社学術文庫）、1978年
新渡戸稲造『いま、拠って立つべき〝日本の精神〟 武士道』岬龍一郎訳、PHP研究所（PHP文庫）、2005年
乃南アサ『凍える牙』新潮社（新潮文庫）、2000年
蓮實重彥『監督小津安二郎〈増補決定版〉』筑摩書房（ちくま学芸文庫）、2016年
東野圭吾『容疑者Xの献身』文藝春秋（文春文庫）、2008年
ブリントン、メアリー・C『失われた場を探して――ロストジェネレーションの社会学』池村千秋訳、NTT出版、2008年
『平家物語』古川日出男訳、河出書房新社、2016年
水村美苗『母の遺産――新聞小説（上・下）』中央公論新社（中公文庫）、2015年
村上春樹『アンダーグラウンド』講談社（講談社文庫）、1999年

参考資料

村上春樹『ねじまき鳥クロニクル　第1部　泥棒かささぎ編』新潮社（新潮文庫）、１９９７年

村上春樹『ねじまき鳥クロニクル　第2部　予言する鳥編』新潮社（新潮文庫）、１９９７年

村上春樹『ねじまき鳥クロニクル　第3部　鳥刺し男編』新潮社（新潮文庫）、１９９７年

村上春樹『羊をめぐる冒険（上・下）』講談社（講談社文庫）、２００４年

村田沙耶香『コンビニ人間』文藝春秋（文春文庫）、２０１８年

村松貞次郎『大工道具の歴史』岩波書店（岩波新書）、１９７３年

メルビー、ケイレブ『ゼン・オブ・スティーブ・ジョブズ』ジェス3作画、柳田由紀子訳、集英社インターナショナル、２０１２年

森鷗外『阿部一族・舞姫』新潮社（新潮文庫）、１９６８年

盛田昭夫／下村満子／E・ラインゴールド『MADE IN JAPAN』下村満子訳、朝日新聞社（朝日文庫）、１９９０年

山岸俊男『安心社会から信頼社会へ』中央公論新社（中公新書）、１９９９年

山岸俊男／メアリー・C・ブリントン『リスクに背を向ける日本人』講談社（講談社現代新書）、２０１０年

ライク、デイヴィッド『交雑する人類——古代ＤＮＡが解き明かす新サピエンス史』日向やよい訳、ＮＨＫ出版、２０１８年

頼山陽『日本外史（中）』頼成一・頼惟勤訳、岩波書店（岩波文庫）、１９７７年

魯迅『阿Q正伝』増田渉訳、ＫＡＤＯＫＡＷＡ（角川文庫）、１９６１年

渡辺淳一『花埋み』集英社（集英社文庫）、１９９３年

Altshuler, Alan, Martin Anderson, Daniel Jones, Daniel Roos and James P. Womack. *The Future of the Automobile: The*

Report of MIT's International Automobile Program. Cambridge, MA: MIT Press, 1984.

Brinton, Mary C., and Victor Nee, ed. *The New Institutionalism in Sociology*. New York, NY: Russell Sage Foundation, 1998.

Lamarre, Thomas. *The Anime Machine: A Media Theory of Animation*. Minneapolis, MN: University of Minnesota Press, 2009.

Pisano, Gary P. and Willy C. Shih. *Producing Prosperity: Why America Needs a Manufacturing Renaissance*. Boston, MA: Harvard Business Review Press, 2012.

Schein, Edgar H. *Organizational Culture and Leadership, 5th Edition*. Hoboken, NJ: Wiley, 2017.

Smith, Daniel M. *Dynasties and Democracy: The Inherited Incumbency Advantage in Japan*. Stanford, CA: Stanford University Press, 2018.

Steinberg, Mark and Alexander Zahlten, ed. *Media Theory in Japan*. Durham, NC: Duke University Press, 2017.

Thornber, Karen Laura. *Ecoambiguity: Environmental Crises and East Asian Literatures*. Ann Arbor, MI: University of Michigan Press, 2012.

Thornber, Karen Laura. *Empire of Texts in Motion: Chinese, Korean, and Taiwanese Transculturations of Japanese Literature*. Cambridge MA: Harvard University Asia Center, 2009.

Tōge, Sankichi. *Poems of the Atomic Bomb.* Translated by Karen Laura Thornber. Chicago, IL: University of Chicago, Center for East Asian Studies, 2012.

Womack, James P., Daniel T. Jones, and Daniel Roos. *The Machine That Changed The World*, New York, NY: Simon and Schuster, 1990.

●**記事**

池松由香「豊田章男社長と蓼科山聖光寺――日本的経営に欠かせない『精神性』」日経ビジネス電子版、2017年8月17日
https://business.nikkei.com/atcl/opinion/15/221102/081000507/

ルービン、ジェイ「なぜ村上春樹は世界中の人々に『ささる』のか――村上作品の英訳者・ルービン氏、大いに語る」東洋経済オンライン、2015年9月25日
https://toyokeizai.net/articles/-/85403

Higgins, Adrian. "National Gallery of Art's exhibit on Japanese painting shines." *The Washington Post*, April 18, 2012.
https://www.washingtonpost.com/lifestyle/home/national-gallery-of-arts-exhibit-on-japanese-painting-shines/2012/04/17/gIQAX5TYQT_story.html

Johnson, Ken. "Teeming With Transcendent Life: 'Colorful Realm,' Works by Ito Jakuchu at National Gallery." *The New York Times*, March 29, 2012.
https://www.nytimes.com/2012/03/30/arts/design/colorful-realm-works-by-ito-jakuchu-at-national-gallery.html

Osborn, Alex. "Original Ghost In The Shell Director Mamoru Oshii Has No Problem With Live-Action Remake." *IGN.com*, March 21, 2017.
https://www.ign.com/articles/2017/03/21/original-ghost-in-the-shell-director-mamoru-oshii-has-no-problem-with-live-action-remake

Shih, Willy. "Inside Toyota's Giant Kentucky Factory: Japanese Production Techniques, Made In America." *Forbes.com*, April 17, 2018.

https://www.forbes.com/sites/willyshih/2018/04/17/inside-toyotas-giant-kentucky-factory-japanese-production-techniques-made-in-america/

Vesoulis, Abby. "The 2018 Elections Saw Record Midterm Turnout." *TIME.com*, November 13, 2018. http://time.com/5452258/midterm-elections-turnout/

●論文／報文

早川泰弘・佐野千絵・三浦定俊・太田彩「伊藤若冲『動植綵絵』の彩色材料について」『保存科学』第46号、2006年

松崎寛子「文学的接触空間としての東アジア文学研究」『文学』第17巻第5号、2016年

Delgado-Lista, Javier, Pablo Perez-Martinez, Jose Lopez-Miranda, and Francisco Perez-Jimenez. "Long chain omega-3 fatty acids and cardiovascular disease: a systematic review." *British Journal of Nutrition* 107, Supplement 2 (2012) :S201-S213.

D'Orazio, Nicolantonio, Eugenio Gemello, Maria Alessandra Gammone, Massimo de Girolamo, Cristiana Ficoneri, and Graziano Riccioni."Fucoxantin: A Treasure from the Sea." *Marine Drugs* 10 (2012): 604-616.

Foliaki, Sunia and Neil Pearce. "Prevalence and causes of diabetes of Pacific People." *Pacific Health Dialog* 10 (2003): 90-98.

Granovetter, Mark. "The Strength of Weak Ties," *American Journal of Sociology* 78 1973: 1360-1380.

Harada, Shoji. "Genetic Polymorphism of Alcohol Metabolizing Enzymes and Its Implication to Human Ecology." *Journal of the Anthropological Society of Nippon* 99 (1991): 123-139.

Kanzawa-Kiriyama, Hideaki, Kirill Kryukov, Timothy A Jinam, Kazuyoshi Hosomichi, Aiko Saso, Gen Suwa, Shintaroh Ueda, Minoru Yoneda, Atsushi Tajima, Ken-ichi Shinoda, Ituro Inoue, and Naruya Saitou. "A partial nuclear genome of the Jomons who lived 3000 years ago in Fukushima, Japan." *Journal of Human Genetics* 62 (2017): 213-221.

Okada, Yukinori, Yukihide Momozawa, Saori Sakaue, Masahiro Kanai, Kazuyoshi Ishigaki, Masato Akiyama, Toshihiro Kishikawa, Yasumichi Arai, Takashi Sasaki, Kenjiro Kosaki, Makoto Suematsu, Koichi Matsuda, Kazuhiko Yamamoto, Michiaki Kubo, Nobuyoshi Hirose, and Yoichiro Kamatani."Deep whole-genome sequencing reveals recent selection signatures linked to evolution and disease risk of Japanese." *Nature Communications* 9 (2018): 1631.

Shih, Willy. "The Real Lessons From Kodak's Decline." *MIT Sloan Management Review*, Summer 2016.

Verghese, Abraham. "Culture Shock — Patient as Icon, Icon as Patient." *The New England Journal of Medicine* 359 (2008): 2748-2751.

Whitelaw, Gavin Hamilton. "Learning from Small Change: Clerkship and the Labors of Convenience," *Anthropology of Work Review* 29 (2008): 62-69.

Zerjal, Tatiana, Yali Xue, Giorgio Bertorelle, R. Spencer Wells, Weidong Bao, Suling Zhu, Raheel Qamar, Qasim Ayub, Aisha Mohyuddin, Songbin Fu, Pu Li, Nadira Yuldasheva, Ruslan Ruzibakiev, Jiujin Xu, Qunfang Shu, Ruofu Du, Huanming Yang, Matthew E. Hurles, Elizabeth Robinson, Tudevdagva Gerelsaikhan, Bumbein Dashnyam, S. Qasim Mehdi, and Chris Tyler-Smith. "The Genetic Legacy of the Mongols." *The American Journal of Human Genetics* 72 (2003): 717–721.

●ケース

Mishina, Kazuhiro. "Toyota Motor Manufacturing, U.S.A., Inc." Harvard Business School Case 693-019, September 1992. (Revised September 1995.)

Shih, Willy, Jyun-Cheng Wang, and Karen E. Robinson. "AmTran Technology Ltd." Harvard Business School Case 613-069, December 2012. (Revised March 2015.)

Thomke, Stefan, Atsushi Osanai, and Akiko Kanno. "Sony." Harvard Business School Case 618-045, June 2018.

●プレゼンテーション資料

Vaupel, James W. "The Rise and Future of Longevity." Mortality and Longevity Seminar, Institute and Faculty of Actuaries, London, February 25, 2016.
https://www.actuaries.org.uk/documents/evolutionary-processes-shape-age-specific-mortality

●映画

『千と千尋の神隠し』宮崎駿監督、ウォルト・ディズニー・ジャパン、２０１４年、ＤＶＤ

『たそがれ清兵衛』山田洋次監督、松竹、２０１０年、ブルーレイ

『天空の城ラピュタ』宮崎駿監督、ウォルト・ディズニー・ジャパン、２０１４年、ＤＶＤ

『トウキョウソナタ』黒沢清監督、メディアファクトリー、２００９年、ＤＶＤ

『東京物語　小津安二郎生誕１１０年・ニューデジタルリマスター』小津安二郎監督、松竹、２０１３年、ＤＶＤ

『もののけ姫』宮崎駿監督、ウォルト・ディズニー・ジャパン、２０１４年、ＤＶＤ
『用心棒』黒澤明監督、東宝、２００９年、ブルーレイ
『GHOST IN THE SHELL／攻殻機動隊』押井守監督、バンダイビジュアル、２０１７年、ＤＶＤ
『ＨＡＮＡ-ＢＩ』北野武監督、バンダイビジュアル、１９９８年、ＤＶＤ

●公式ウェブサイト

厚生労働省「副業・兼業の促進に関するガイドライン」、２０１８年
https://www.mhlw.go.jp/file/06-Seisakujouhou-11200000-Roudoukijunkyoku/0000192844.pdf
スタジオジブリ「スタジオジブリの歴史」
http://www.ghibli.jp/history/
総務省「衆議院議員総選挙・最高裁判所裁判官国民審査結果調」
http://www.soumu.go.jp/senkyo/senkyo_s/data/shugiin/ichiran.html
大本山永平寺「修行僧の１日」
https://daihonzan-eiheiji.com/unsui.html
トヨタ自動車「トヨタ自動車75年史」
https://www.toyota.co.jp/jpn/company/history/75years/data/conditions/precepts/
文化庁「２０１７年度宗教統計調査」２０１８年
http://www.bunka.go.jp/tokei_hakusho_shuppan/tokeichosa/shumu/index.html
本田技研工業「ＧＥとＨｏｎｄａ、小型ビジネスジェット用エンジンの合弁会社設立」、２００４年10月13日
https://www.honda.co.jp/news/2004/c041013b.html

National Gallery of Art. "Colorful Realm: Japanese Bird-and-Flower Paintings by Itō Jakuchū (1716–1800)."
https://www.nga.gov/exhibitions/2012/colorful-realm.html

Pew Research Center. "The Global Religious Landscape." December 18, 2012.
http://www.pewforum.org/2012/12/18/global-religious-landscape-unaffiliated/

Pew Research Center. "The 2014 U.S. Religious Landscape Study." 2014.
http://www.pewforum.org/religious-landscape-study/

UNESCO. "Record Number of Films Produced."
http://uis.unesco.org/en/news/record-number-films-produced

U.S. Bureau of Labor Statistics. "Employee Tenure Summary." September 20, 2018.
https://www.bls.gov/news.release/tenure.nr0.htm

中公新書ラクレ
658

ハーバードの日《に》本《ほん》人《じん》論《ろん》

2019年 6 月10日 初版

著者……佐《さ》藤《とう》智《ち》恵《え》

アレクサンダー・ザルテン　ユキオ・リピット
デイヴィッド・ライヒ　ロバート・A・ルー
ダニエル・M・スミス　メアリー・C・ブリントン
ウィリー・C・シー　ジェームス・ロブソン
デイヴィッド・C・アサートン　カレン・L・ソーンバー

発行者……松田陽三
発行所……中央公論新社
〒100-8152 東京都千代田区大手町 1-7-1
電話……販売 03-5299-1730　編集 03-5299-1870
URL http://www.chuko.co.jp/

本文印刷……三晃印刷
カバー印刷……大熊整美堂
製本……小泉製本

Published by CHUOKORON-SHINSHA, INC.
Printed in Japan　ISBN978-4-12-150658-0　C1236

中公新書ラクレ　好評既刊

L599
ハーバード日本史教室
佐藤智恵 著

世界最高の学び舎、ハーバード大学の教員や学生は日本史から何を学んでいるのか。『源氏物語』『忠臣蔵』から、城山三郎まで取り上げる一方、天皇のリーダーシップについて考えたり、和食の奥深さを学んだり……。授業には日本人も知らない日本の魅力が溢れていた。アマルティア・セン、アンドルー・ゴードン、エズラ・ヴォーゲル、ジョセフ・ナイほか。ハーバード大の教授10人のインタビューを通して、世界から見た日本の価値を再発見する一冊。

L605
新・世界の日本人ジョーク集
早坂　隆 著

シリーズ累計100万部！　あの『世界の日本人ジョーク集』が帰ってきた！　AI、観光立国、安倍マリオ……。日本をめぐる話題は事欠かない。やっぱりマジメ、やっぱり英語が下手で、曖昧で。それでもこんなに魅力的な「個性派」は他にいない！　不思議な国、日本。面白き人々、日本人。異質だけれどスゴい国。世界の人々の目を通して見れば、この国の底力を再発見できるはずだ。激動の国際情勢を笑いにくるんだ一冊です。

L653
教育激変
――2020年、大学入試と学習指導要領大改革のゆくえ
池上　彰＋佐藤　優 著

2020年度、教育現場には「新学習指導要領」が導入され、新たな「大学入学共通テスト」の実施が始まる。なぜいま教育は大改革を迫られるのか。文科省が目指す「主体的・対話的で深い学び」とはなにか。自ら教壇に立ち、教育問題を取材し続ける池上氏と、「主体的な学び」を体現する佐藤氏が、日本の教育の問題点と新たな教育改革の意味を解き明かす。巻末には大学入試センターの山本廣基理事長も登場。入試改革の真の狙いを語りつくした。